Heinz Ryborz

Selbst-

bewusst!

So setzen Sie sich durch
und wehren Angriffe ab

WALHALLA
FACHVERLAG

Bibliografische Information Der Deutschen Bibliothek

Die Deutsche Bibliothek verzeichnet diese Publikation in der Deutschen Nationalbibliografie; detaillierte bibliografische Daten sind im Internet über http://dnb.ddb.de abrufbar.

Zitiervorschlag:
Heinz Ryborz,
Selbstbewusst!
Walhalla Fachverlag, Regensburg, Berlin 2007

 Produktion: Walhalla Fachverlag, 93042 Regensburg
 Umschlaggestaltung: grubergrafik, Augsburg
 Druck und Bindung: Westermann Druck Zwickau GmbH
 Printed in Germany
 ISBN 978-3-8029-4658-5

Nutzen Sie das Inhaltsmenü:
Die Schnellübersicht führt Sie zu Ihrem Thema.
Die Kapitelüberschriften führen Sie zur Lösung.

Schnellübersicht

Schnellübersicht

Sich elegant durchsetzen

Scheuen Sie davor zurück, privat und beruflich Wünsche zu äußern? Fürchten Sie sich vor Ablehnung, wenn Sie sich durchsetzen? Sind Sie häufig der Unterlegene und werden Sie oft „übers Ohr gehauen"?

Dann wissen Sie, was es heißt, nicht selbstbewusst zu sein und als Verlierer abgestempelt zu werden. Niemand will das Gefühl haben, hilflos zu sein. Auch Sie schaffen es, sich besser zu behaupten. Selbstsicherheit und geschickte Selbstbehauptung verhelfen Ihnen dazu, Ihre Ziele zu erreichen und sich den Manipulationsversuchen der Mitmenschen zu entziehen.

Das Buch vermittelt Ihnen, wie Sie selbstbewusster werden und sich im Alltag ohne Verbissenheit elegant durchsetzen. Sie trennen sich von hemmenden Blockaden.

In Kapitel 1 und 2 erfahren Sie, wie Sie Ihr Selbstwertgefühl und Ihr Selbstbewusstsein verstärken, um noch selbstsicherer zu werden.

In Kapitel 3, 4 und 5 werden Ihnen geschickte Vorgehensweisen und Kommunikationsstrategien vermittelt, um sich in häufigen Alltagssituationen geschickt zu behaupten. Ein wichtiger Punkt ist auch der Umgang mit Kritik.

In Kapitel 6 und 7 werden Ihnen Gesprächsstrategien für schwierige Situationen vermittelt und Techniken, Negativstrategien der Zeitgenossen abzuwehren.

Heute reden zwar viele Menschen über Fairness. Doch am ewigen Spiel gegenseitiger Interessen hat sich nichts geändert. Niemand vermag sich da herauszuhalten. Kapitel 8 vermittelt Ihnen die wichtigsten Strategien, bei diesem Spiel langfristig besser abzuschneiden.

Sich elegant durchsetzen

Die Strategien helfen nicht nur für den Arbeitsplatz, sondern ganz allgemein, um nicht zum Opfer der Ränkespiele anderer zu werden und sich im Leben besser zu behaupten. Mit diesen Techniken schaffen Sie auch mehr Distanz zu sich, erreichen eine große Flexibilität und Geschick im Umgang mit anderen. Analysieren Sie bei der Lektüre der letzten beiden Kapitel Ihr Verhalten der letzten Jahre. Ganz gleich, welche Fehler Sie dabei entdecken, nehmen Sie sich vor: „Diese Fehler mache ich nie wieder." Oder: „Nie mehr gehe ich in eine solche Falle." So brechen Sie Blockaden auf, die Sie bislang gehindert haben, erfolgreicher zu werden.

Dazu wünsche ich Ihnen viel Erfolg!

Prof. Dr. Heinz Ryborz

Selbstsicherheit – die Voraussetzung für erfolgreiche Selbstbehauptung

1

Was ist selbstsicheres Verhalten?

Wenn Sie sich nicht behaupten können – also die eigenen Wünsche nicht äußern und denen anderer nachgeben – dann verfügen Sie nur über eine geringe Selbstsicherheit.

Viele Menschen haben leider eine falsche Vorstellung davon, was es bedeutet, selbstsicher aufzutreten. Sie meinen, dass Selbstsicherheit ein Verhalten sei, sich zu Lasten anderer durchzusetzen. Das Gegenteil ist jedoch der Fall.

Selbstsicherheit hat zum Ziel, mit Mitmenschen eine offene und ehrliche Beziehung einzugehen. Sie setzen sich für die eigenen Interessen ein, ohne die Rechte der Mitmenschen zu verletzen.

Selbstsicheres Verhalten hilft Ihnen, Ihr Leben selbst zu gestalten. Sie stehen auch nicht unter dem Zwang, sich immer durchsetzen zu müssen. Sie entscheiden frei, wie Sie sich verhalten. Wenn Sie einmal nachgeben, dann nicht, weil Sie Hemmungen oder Ängste haben, sondern weil Sie sich dafür entschieden haben.

Mit selbstunsicherem Verhalten schaden Sie sich selbst. Wenn Sie Konflikte und Auseinandersetzungen vermeiden, dann entscheiden andere über Sie. Der Selbstsichere dagegen äußert seine Gefühle und Bedürfnisse, stellt Forderungen und setzt sich für seine Rechte ein.

Selbstsicheres Verhalten ist etwas ganz anderes als aggressives Verhalten. Der Aggressive versucht Mitmenschen herabzusetzen. Er verletzt andere und schadet ihnen.

Hier drei Übersichten zum selbstunsicheren, aggressiven und selbstsicheren Verhalten.

Selbstunsicheres Verhalten

Eine solche Person

- verleugnet sich selbst,
- ist gehemmt,
- ist ängstlich, verletzlich und
- lässt andere für sich entscheiden.

Die Einstellung ist:

- Ich darf nichts tun, was Kritik hervorruft.
- Ich bin nicht so viel wert wie andere.
- Die Wünsche anderer sind wichtiger als meine.
- Ich bin es nicht wert, dass es mir gut geht.
- Die anderen haben Recht, ich Unrecht.
- Ich schaffe es nicht, deshalb versuche ich es nicht.

Aggressives Verhalten

Eine solche Person

- ist überlegen auf Kosten anderer,
- äußert sich,
- setzt andere herab und
- erreicht ihr Ziel durch Verletzung anderer.

Die Einstellung ist:

- Es ist fürchterlich, wenn ich nicht bekomme, was ich will.
- Nur meine Meinung ist wichtig, die der anderen nicht.

noch: Aggressives Verhalten

- Ich bin immer besser als alle anderen.

- Ich setze meine Interessen durch; was aus den anderen wird, interessiert mich nicht.

Selbstsicheres Verhalten

Eine solche Person

- steigert das Selbstwertgefühl,

- äußert sich,

- steht in Einklang mit sich selbst und

- entscheidet für sich selbst.

Die Einstellung:

- Ich strenge mich an, selbst wenn nicht sicher ist, dass ich mein Ziel erreiche.

- Ich akzeptiere das Recht des anderen auf eine andere Meinung.

- Ich bin ebenso wertvoll wie andere.

- Ich kann es ertragen, wenn andere mein Tun nicht billigen.

- Ich habe ein Recht, das zu tun, was ich will, wenn ich anderen nicht schade.

Der selbstunsichere Mensch sagt ja, wenn er nein meint. Er äußert nicht, was er denkt. Er lässt sich herumkommandieren. Er schluckt allen Ärger in sich hinein und explodiert irgendwann. Der Selbstunsichere lässt sich ausnutzen und wagt nicht, eine Bitte abzuschlagen. Er verträgt keine Kritik und kann auch keine

Kritik äußern. Der Selbstunsichere hat ein argloses Vertrauen in die Versprechungen anderer.

Der Selbstsichere dagegen redet über seine Ansichten und seine Gefühle. Er lässt sich vom Mitmenschen nicht in Situationen bringen, die ihm schaden. Er übernimmt Verantwortung für sein Verhalten und seine Gefühle. Er gibt sich nicht mit einem Nein der Mitmenschen zufrieden. Er bleibt beherrscht, bis er wenigstens einen Kompromiss erreicht hat.

Häufige Irrtümer zur Selbstsicherheit

Wie steht es um Ihre Selbstsicherheit?

Wissen Sie, dass sogar schriftlich fixiert ist, dass Sie allen Grund haben, sich wertvoll zu fühlen? Das ist nämlich in der Allgemeinen Erklärung der Menschenrechte verbürgt.

Dort heißt es im Artikel 1 zur Freiheit, Gleichheit und Brüderlichkeit: Alle Menschen sind frei und gleich an Würde und Rechten geboren.

Sie haben also allen Grund, Selbstwertgefühl zu haben. Leider gibt es starke Tendenzen in der Gesellschaft, das natürliche Selbstwertgefühl der Menschen zu schwächen. Das erfolgt dadurch, dass Menschen nach Maßstäben bewertet werden, z. B. nach dem beruflichen Erfolg:

- Vorgesetzte sind wertvoller als Mitarbeiter
- Angestellte sind wertvoller als Arbeitslose

Halten wir fest:

Irrtum 1: Nur wer Erfolg im Leben hat, kann selbstsicher auftreten

Nun kann gewiss Erfolg im Leben dazu beitragen, selbstsicherer aufzutreten. Wer jedoch sein Selbstbewusstsein und seine Selbstsicherheit nur vom beruflichen Erfolg abhängig macht, gerät in Schwierigkeiten, wenn der berufliche Erfolg nachlässt oder wenn jemand in Rente geht.

Es gibt viele Menschen, die weder beruflichen noch materiellen Erfolg haben und dennoch selbstsicher auftreten. Wahres Selbstbewusstsein wird nicht von Äußerlichkeiten wie beruflichen und materiellen Erfolg bestimmt. Es hat seine Ursache darin, wie Sie sich selbst sehen und wie wertvoll Sie sich empfinden.

Irrtum 2: Selbstsicheres Verhalten lässt sich nicht lernen

Ein weiterer Irrtum besteht darin zu glauben, selbstsicheres Verhalten habe man oder nicht.

Das genaue Gegenteil ist richtig. Sie können durchaus selbstsicheres Verhalten lernen. Auch ein Irrtum ist der dumme Spruch: Was Hänschen nicht lernt, lernt Hans nimmermehr.

Irrtum 3: Was Hänschen nicht gelernt hat, lernt Hans nimmermehr

Es spielt also keine Rolle, wie viele Jahre Sie schon als schüchterner Mensch verbracht haben. Selbst ein fortgeschrittenes Alter ist keine Barriere für das Lernen. Jeder Mensch vermag sich in jedem Alter zu ändern, wenn er nur will.

Irrtum 4: Es dauert Jahre, bis man sich von seinen Hemmungen trennt

Ein weiterer Irrtum ist der, dass es Jahre dauert, bis man zur Selbstsicherheit gelangt.

Wie lange es dauert, bis Sie ans Ziel kommen, lässt sich nicht genau angeben. Arbeiten Sie nach den in diesem Buch angegebenen Methoden, so werden Sie bereits nach einigen Tagen und Wochen beachtliche Erfolge erringen. Zu Selbstsicherheit zu gelangen ist ein lebenslanger Prozess. Das Buch will Ihnen helfen, hierbei schnelle Fortschritte zu erzielen. Doch je komplizierter die Situationen sind, desto größer werden die Anforderungen, sich geschickt zu behaupten.

Irrtum 5: Selbstsicheres Verhalten ist unmoralisch und unsozial

Eine andere häufige Fehlmeinung ist die, dass es nicht moralisch sei, selbstsicher aufzutreten.

Es gibt zwei Gruppen von Menschen, die diese Behauptung anführen. Die eine stammt von selbstunsicheren Menschen, die glauben, sie würden zu selbstsüchtigen Ungeheuern, wenn sie sich durchsetzen. Die andere Gruppe fürchtet um ihre Vorteile, wenn sie selbstunsichere Menschen nicht mehr an die Wand drücken kann. Die Wahrheit ist: Selbstsicheres Verhalten ist das Grundrecht eines jeden Menschen. Lassen Sie sich dieses Recht von niemandem ausreden.

Selbstsicherheit, Selbstvertrauen, Selbstwertgefühl und Selbstbewusstsein

Selbstbewusstsein, Selbstwertgefühl, Selbstvertrauen und Selbstsicherheit sind häufig gebrauchte Begriffe. Was bringen sie zum Ausdruck und wie hängen sie zusammen?

Die vier Begriffe bezeichnen vier Schichten der Persönlichkeit. Das, was Sie an einem Menschen äußerlich wahrnehmen, ist seine Selbstsicherheit. Diese zeigt sich in der Ausstrahlung, im Auftreten und in einer sicheren Art des Redens. Selbstsicherheit ist wiederum das Ergebnis des Gefühls des Vertrauens zu sich selbst. Haben Sie Selbstvertrauen, dann wissen Sie um Ihre Stärken. Sie wissen um Ihre Kräfte und Fähigkeiten und wie Sie diese nutzen. Selbstvertrauen wiederum hat seine Grundlage in einem starken Selbstwertgefühl. Es ist das Gefühl des eigenen Wertes als Mensch. Selbstsicherheit, Selbstvertrauen und Selbstwertgefühl basieren wiederum auf einem Selbstbewusstsein. Es bedeutet, sich seines Denkens, Tuns und Fühlens bewusst zu sein.

Ein gesundes Selbstbewusstsein ist insgesamt ein Gefühl innerer Sicherheit, das sich auf folgende Art äußert:

- Allen Anforderungen gewachsen zu sein.

- Sich fähig zu fühlen, alle erforderlichen Fähigkeiten entwickeln zu können.

- Das eigene Leben erfolgreich zu gestalten und daran Freude zu gewinnen.

Nur wenn Ihr Auftreten auch auf einem gesunden Selbstbewusstsein basiert, wird es in schwierigen Situationen nicht in sich zusammenbrechen. Nutzen Sie die Erfolgsspirale zum Aufbau von mehr Selbstbewusstsein. Verändern Sie Ihr Auftreten, dann werden Sie positivere Erfahrungen machen und Erfolgserlebnisse haben. Diese erhöhen wiederum Ihr Selbstbewusstsein. So setzen Sie die Erfolgsspirale in Gang. Ergänzend dazu ist es sehr hilfreich, die eigene Selbsterkenntnis zu verbessern. Seien Sie achtsam auf sich. Beobachten Sie sich, ohne zu werten. Nehmen Sie Ihre Stärken, Schwächen und Bedürfnisse wahr. So verändern Sie sich auch von innen. Damit verändern Sie sich von außen und von innen und Ihr Selbstbewusstsein wird gestärkt.

Beispiele für nicht selbstbewusstes, aggressives und selbstbewusstes Verhalten

Hier Beispiele, die helfen sollen, die Unterschiede im Verhalten zu verdeutlichen.

Beispiel:

Herr und Frau Müller sind zu einem Essen in einem Lokal. Herr Müller hat sich ein Steak bestellt, das nicht durchgebraten ist. Die Bedienung jedoch serviert ein Steak, das vollkommen durchgebraten ist. Herr Müller könnte nun auf verschiedene Weise reagieren. Hier die drei Möglichkeiten:

- Nicht selbstbewusste Reaktion

Herr Müller sagt zu seiner Frau, dass er das Lokal in Zukunft nie mehr betreten werde. Auf die Frage der Kellnerin, ob das so recht sei, antwortet er dagegen: „Ja". Das Essen und der Abend verlaufen recht unbefriedigend. Herr Müller beschwert sich bei seiner Frau, schimpft und ist mit sich nicht zufrieden. Seine Achtung vor sich ist gesunken, ebenfalls die Achtung der Frau Müller vor ihrem Mann. Herr Müller erzählt seinen Bekannten von seiner negativen Erfahrung und macht das Lokal schlecht.

- Aggressive Reaktion

Herr Müller ruft die Kellnerin lauthals an seinen Tisch. Er brüllt sie an und beschwert sich, die Bestellung nicht korrekt ausgeführt zu haben. Die Bedienung fühlt sich bloßgestellt, und auch Frau Müller ist das Verhalten ihres Mannes peinlich.

- Selbstbewusste Reaktion

Herr Müller bittet die Kellnerin an den Tisch. Er erinnert sie daran, dass er ein nicht durchgebratenes Steak bestellt habe. Außerdem zeigt er ihr das vollkommen Durchgebratene.

Er bittet sie freundlich und bestimmt, das Steak gegen das Gewünschte umzutauschen. Die Kellnerin bittet um Entschuldigung für das Versehen. Nach kurzer Zeit kommt sie mit der gewünschten Bestellung zurück. Herr Müller ist nun mit sich zufrieden. Die Kellnerin ist ebenfalls froh, die Situation gerettet zu haben, und freut sich über das Trinkgeld, das ihr der Gast gibt.

Halten wir fest: Mit nicht selbstbewusstem Verhalten äußert Herr Müller keine Wünsche, lässt andere über sich entscheiden und erreicht sein Ziel nicht. Mit aggressivem Verhalten setzt er die Kellnerin herab und erreicht sein Ziel durch Verletzung der Frau. Mit selbstbewusstem Verhalten steigert er sein Selbstwertgefühl und erreicht sein Ziel, ohne jemand zu verletzen.

Harmoniesucht und falsche Vorstellungen von der Wirklichkeit

Menschen, die keine Wünsche äußern und sich nicht durchsetzen können, haben Hemmungen. Ursache dafür sind meistens völlig falsche Vorstellungen über die Wirklichkeit. Solche sind:

- Wenn ich für meine Interessen eintrete, werden mich die Menschen nicht mehr mögen.

- Sage ich nein, dann isoliere ich mich von anderen.

- Ich will immer in Harmonie mit der Umwelt sein.

Doch genau das Gegenteil ist richtig:

- Setze ich mich für meine Interessen ein, dann achten mich die Mitmenschen.

- Mache ich es stets allen recht, dann erreiche ich nicht Wertschätzung, sondern die Verachtung anderer.

- Es widerspricht den Gesetzen der Realität, zu jedem Zeitpunkt in Harmonie mit der Umwelt zu sein.

Zu den Grundbedürfnissen des Menschen zählt einerseits der Wunsch nach Nähe, Verbundenheit, Hingabe, nach Zugehörigkeit und Gemeinschaft und andererseits der Wunsch nach Unabhängigkeit, Distanz, Alleinsein, Individualität und Freiheit.

Es handelt sich hierbei um zwei gegenläufige Bestrebungen, die auch als Ich-Du-Polarität bezeichnet werden. Wird der eine Pol, das Ich betont, dann stehen der Egoismus und der Kampf im Vordergrund. Wird das Du betont, dann werden die Eigeninteressen zurückgestellt und der Wunsch nach Verbundenheit, Nähe und Hingabe ist bestimmend.

Eng damit ist auch die Ja-Nein-Polarität gekoppelt. Mit dem Ja erfüllen Sie die Wünsche der anderen, mit dem Nein lehnen Sie diese ab.

So sehr Sie sich auch bemühen, nur die eine Seite der Polarität zu leben – zum Beispiel die Ausrichtung auf das Du und das Harmoniestreben – desto mehr wird Ihnen im Leben die andere Seite der Polarität in Form von egoistischen Kollegen, Geschäftspartnern und anderen nur auf die eigenen Interessen ausgerichteten Menschen begegnen.

Wir haben nicht die Freiheit, uns nur für den einen oder anderen Pol allein zu entscheiden. Es geht also nicht um ein „Entweder-oder". Die Lebensgesetze zwingen uns zu unserem eigenen Wohl komplexer zu werden und ein „Sowohl-als-auch" zu wählen. Wir haben also neben dem Interesse an Harmonie und Gemeinschaft auch den Weg zur Individualität mit einer Abgrenzung eigener Interessen zu gehen.

Ziel des Lebens kann es also nur sein, ein bewusstes Ich zu entwickeln, das sich nicht allein nur mit einer Seite der Polarität identifiziert.

Praxis-Tipp:

Ihr bewusstes Ich muss die Wahlmöglichkeit haben, sich je nach Situation für das Ich oder Du bzw. für das Ja oder Nein zu entscheiden.

Der Weg dahin ist nicht einfach und ein lebenslanger Entwicklungsprozess. Im bewussten Ich zu sein heißt nicht, dass zu jedem Zeitpunkt alles harmonisch ist. Es erfordert, die Spannung zwischen beiden Polen auszuhalten. Wer zum Beispiel das Neinsagen noch lernen muss, wird bald spüren, wie unangenehm es zu Anfang ist. Das Neinsagen muss dann intensiv trainiert werden. Zugegeben, es ist manchmal nicht einfach zu entscheiden, wann es angebracht ist, an sich selbst zu denken und sich abzugrenzen, oder wann es besser ist, sich anzupassen. Sie haben mit diesem Konflikt auch im beruflichen Alltag zu tun.

Praxis-Tipp:

Für den persönlichen Erfolg im Beruf ist ebenfalls eine kluge Kombination von Kollegialität und Egoismus das beste Erfolgsrezept.

Dass das Leben in ständiger Harmonie mit der Umwelt – also ein Leben wie im Paradies – sogar bis zur Lebensuntauglichkeit führt, zeigt folgende wahre Geschichte:

Hettie wuchs als Tochter einer Rangerfamilie in Südafrika im Krüger-Nationalpark auf. Sei erlebte eine herrliche Kindheit. Der nächste Nachbar lebte rund hundert Kilometer von der Familie entfernt. Die einzigen Freunde von Hettie waren die wilden Tiere. Besonders angetan hatte es ihr der kleine Löwe Leo, den die Rangerfamilie aufzog. Die Zuneigung zwischen Hettie und dem Löwen Leo beruhte auf Gegenseitigkeit. Tollpatschiges Herumknuddeln, Wange-an-Wange-Reiben waren der Ausdruck einer tiefen Zusammengehörigkeit.

Als Leo zwei Jahre alt war und zu groß wurde, musste ihn die Familie in ein Löwencamp geben. Wenige Tage später wurde Leo von seinen Artgenossen zerrissen. Leo hatte nicht gelernt, sich zu verteidigen und zu kämpfen. Als seine Menschenfreundin Hettie später in die Zivilisation ging, bekam sie auch erhebliche Probleme. Kurz nach ihrem Studium und ihrer Hochzeit brachte sie sich um. Hettie hatte es ebenso wie ihr Tierfreund nicht geschafft, die eigene Individualität durch Abgrenzung und Selbstbehauptung so zu stärken, um den Herausforderungen des Lebens erfolgreich zu begegnen.

Ihr Durchsetzungsvermögen steigt mit Ihren sozialen Fähigkeiten, nicht mit Ihrer Aggressivität

Wenn Sie das Durchsetzungsvermögen – also den Ich-Pol – im Beruf so übertreiben, dass Sie jeden Kollegen und jeden Vorgesetzten als zu bekämpfenden Gegner betrachten, dann werden Sie damit keinen Erfolg haben.

Praxis-Tipp:

Einseitiges und ständiges Durchsetzen der eigenen Interessen ist nicht die optimale Strategie, um auch mittel- und langfristig erfolgreich zu bleiben.

Das gilt nicht nur für den Beruf, sondern auch für die Partnerschaft und ganz allgemein für den Umgang mit Mitmenschen. Handeln Sie also nach der „Sowohl-als-auch-Strategie".

Beispiel:

Sie helfen gelegentlich anderen, fordern aber auch von ihnen Hilfe an. Sie arbeiten mit Kollegen und dem Chef gut zusammen, setzen sich aber auch für Ihre Interessen ein. Sie passen sich nicht immer an und setzen ab und zu Ihre Meinung durch.

Sie kennen den Spruch: „Was Du nicht willst, was man Dir tut, das füg auch keinem anderen zu." Für eine gute Zusammenarbeit reicht es nicht aus, dem anderen keinen Schaden zuzufügen.

Praxis-Tipp:

Sie steigern Ihr Durchsetzungsvermögen, wenn Sie die Herzen der Mitmenschen gewinnen. Das erreichen Sie mit Einfühlungsvermögen (Empathie) und Wertschätzung.

So schaffen Sie sich mehr Freunde und weniger Feinde. Betrachten wir uns Empathie und Wertschätzung etwas näher.

Empathie

Empathie ist die Bereitschaft und Fähigkeit, sich in den Mitmenschen einzufühlen. Dazu gehört:

- Wie sieht der andere die Dinge?
- Was fühlt er?
- Was schmerzt ihn und was tut ihm gut?

Praxis-Tipp:

Mit Empathie treten Sie in Konfliktfällen weniger aggressiv auf. Wenn Sie die Dinge auch einmal aus der Sicht des anderen sehen, lassen sich Missverständnisse leichter beheben und Konflikte besser lösen.

Wertschätzung

Sie geben Mitmenschen Wertschätzung, wenn Sie sie fachlich und menschlich anerkennen. Dazu gehört auch, Menschen so zu akzeptieren, wie sie sind. Wertschätzung kann es nur dann geben, wenn folgendes Fehlverhalten unterbleibt:

- Fehlende Anerkennung der Leistungen anderer. Die eigene Leistung wird dadurch hochgespielt, indem die der anderen herabgesetzt wird.

- Versuche, Kollegen charakterlich zu ändern.

- Andersdenkende zu befehden.

Zur echten Wertschätzung gehört es auch, einem Rivalen Anerkennung zu geben.

Praxis-Tipp:

Sind Sie nett und höflich, werden Sie den Mitmenschen sympathisch und können Ihre Ziele leichter durchsetzen.

Manchmal werden nette Menschen unterschätzt und für nachgiebig und nicht durchsetzungsstark gehalten. Besonders aggressive Zeitgenossen versuchen dann Nette auszunutzen und an die Wand zu drücken. Versucht man das auch bei Ihnen, dann machen Sie solchen Leuten deutlich: Sie lassen sich weder ausnutzen noch herabsetzen.

Der amerikanische Schauspieler Alan Alda sagt es sehr deutlich: „Sei anständig zu anderen, aber gehe ihnen dann nicht von der Pelle, bis sie auch anständig zu dir sind."

Achtung: Wehren Sie sich also deutlich, wenn Mitmenschen mit Ihnen unanständig verfahren wollen. Ziehen Sie aus einem Erlebnis mit solch destruktiven Menschen nicht den Schluss, auf Ihr positives Verhalten in Zukunft ganz verzichten zu wollen. Denn dann ziehen solche fiesen Typen Sie noch auf ihre Ebene herab.

Demonstrieren Sie vielmehr gemeinen und hinterhältigen Kollegen sofort harten Widerstand.

Vielleicht stimmen Sie zu, offen, wertschätzend und einfühlend mit Kollegen und anderen Zeitgenossen umzugehen. Doch Sie sind der Meinung, dass die anderen damit anzufangen haben. Sie wollen nicht der Erste sein. Doch da beide Seiten so denken, bleibt das gegenseitige Misstrauen bestehen.

Was spricht aber dagegen, als Erster damit anzufangen? Sollte Ihr Verhalten nicht dazu führen, die Fronten aufzubrechen, dann können Sie es noch immer sein lassen. Haben Sie auch keine Bange, für ein Weichei gehalten zu werden. Also:

Sie entwickeln Nettigkeit, sind aber kein Weichei. Im Kern sind Sie hart, weil Sie wissen, was Sie wollen. So haben Sie die optimalen Voraussetzungen, um sich durchzusetzen.

Checkliste: Selbstsicherheit erhöhen

- Sie sind selbstsicher, wenn Sie Gefühle und Bedürfnisse äußern und sich mit Forderungen für Ihre Rechte einsetzen.

- Richtige Selbstbehauptung darf nicht mit aggressivem Verhalten verwechselt werden.

- Sie haben das Recht, das zu tun, was Sie wollen, wenn Sie anderen nicht schaden.

- Sie übernehmen Verantwortung für Ihre Gefühle und Ihr Verhalten, doch nicht für die Ihrer Mitmenschen.

- Echtes Selbstbewusstsein wird nicht vom beruflichen oder materiellen Erfolg bestimmt.

- Arbeiten Sie nach den im Buch angegebenen Methoden, erreichen Sie bereits nach wenigen Wochen beachtliche Erfolge.

---

noch: Checkliste: Selbstsicherheit erhöhen

■ Selbstbewusstsein, Selbstwertgefühl, Selbstvertrauen und Selbstsicherheit bezeichnen vier Schichten Ihrer Persönlichkeit.

■ Trennen Sie sich von Harmoniesucht. Gehen Sie auf Mitmenschen zu, grenzen Sie sich aber auch mit Ihren eigenen Interessen von ihnen ab. Wenden Sie die „Sowohl-als-auch-Strategie" an.

■ Für Ihren persönlichen Erfolg ist eine kluge Kombination aus Eingehen auf den Mitmenschen und Egoismus das beste Erfolgsrezept.

■ Mit der Echtheit Ihres Verhaltens, mit Wertschätzung und Empathie steigern Sie mittel- und langfristig Ihr Durchsetzungsvermögen.

Steigern Sie Ihr Selbstwertgefühl

2

Ein schlechtes Selbstwertgefühl schadet Ihrer Selbstbehauptung

Beispiele:

- Herr Meier, Abteilungsleiter in einem großen Unternehmen, kann schon seit Tagen nicht mehr schlafen. Er weiß, dass er in den nächsten Tagen mit einem anderen Abteilungsleiter zusammentreffen wird, dessen Angriffe er fürchtet. Obwohl Meier fachlich kompetent ist, ist er der Ansicht, er habe gegen den anderen Abteilungsleiter keine Chance.

  Auf der Konferenz kann Meier tatsächlich seine Interessen nicht durchsetzen. Die anderen Teilnehmer sind der Ansicht, Meier sei viel zu zaghaft aufgetreten. Und sei selbst der Grund seiner Niederlage.

- Frau Märker ist Sachbearbeiterin. Sie soll zur Abteilungsleiterin befördert werden, doch sie drückt sich davor. Sie begründet ihre Entscheidung damit, dass sie mit ihrer Arbeit sehr zufrieden ist. Doch in Wirklichkeit hat sie nur Angst, sie könne die neuen Aufgaben nicht befriedigend erledigen. Ihr Vorgesetzter urteilt über ihren Wunsch, nicht befördert zu werden, negativ. Sie wird nun auch noch von Angstgefühlen geplagt, Schwierigkeiten mit ihrem Chef zu bekommen.

- Herr Höhn ist sehr arrogant. Er spricht ständig schlecht über andere und weist sie auf ihre Fehler hin. So versucht er Mitarbeiter klein zu machen. Höhn ist deshalb bei allen Kollegen unbeliebt, und sie bereiten ihm Schwierigkeiten, wo sie nur können.

Den Personen in allen drei Beispielen ist gemeinsam, dass sie kein Selbstwertgefühl haben. Haben Sie Selbstwertgefühl?

Wichtig: Sie haben kein Selbstwertgefühl, wenn Sie schlecht über sich denken.

Denken Sie schlecht über sich, dann fühlen Sie sich auch minderwertig. Und je häufiger Sie negativ über sich denken, desto geringer wird Ihr Selbstwertgefühl. Menschen mit Selbstwertgefühl denken positiv über sich. Sie empfinden sich wertvoll, unabhängig davon, wie andere über sie denken.

Praxis-Tipp:

Ihre positive Meinung über sich bestimmt, ob Sie Selbstwertgefühl haben oder nicht.

Wenn Sie sich selbst nicht mögen, werden Ihre Gefühle überwiegend negativ sein. So wird auch Ihr Verhältnis zu Mitmenschen gestört. Dann schaden Sie sich selbst und anderen.

Selbstverachtung ist das Fundament für alle negativen menschlichen Eigenschaften. Hüten Sie sich also davor, denn so wird alles nur noch schlimmer. Entwickeln Sie also Selbstwertgefühl. Menschen mit Selbstwertgefühl sind weder arrogant noch müssen sie andere klein machen.

Mit Selbstwertgefühl mögen Sie sich. Doch was heißt, sich selbst mögen?

Sich zu mögen bedeutet, sich selbst anzunehmen und gegenüber sich ein positives, warmherziges Gefühl zu haben. Und das natürlich auch, obwohl Sie wie jeder Mensch Schwächen haben. Sie verhalten sich dann gegenüber sich selbst wie jemandem gegenüber, den Sie mögen.

Sich selbst zu mögen bedeutet also, sich gegenüber sich selbst so zu verhalten wie gegenüber jemandem, der Ihnen lieb und teuer ist. Sie sehen also, wie sehr Ihr Umgang mit sich selbst Ihren Umgang mit anderen bestimmt.

Kennen Sie den Spruch aus der Bibel: „Behandle Deinen Nächsten wie Dich selbst."? Leider gilt er heute im negativen Sinn. Viele Mitmenschen behandeln sich selbst so geringschätzig wie andere. Doch nicht nur das. Wer von sich selbst wenig hält, braucht andere, die ihm oder ihr das Gefühl geben, wertvoll und wichtig zu sein. Und so ist er von anderen abhängig.

Praxis-Tipp:

Nur wenn Sie mit sich selbst positiv umgehen, vermögen Sie auch mit Mitmenschen positiv umzugehen.

Allein was Sie für sich selbst entwickelt haben, können Sie auch im Umgang mit anderen einsetzen. Verhalten Sie sich also gegenüber sich selbst positiv, dann vermögen Sie sich auch anderen gegenüber positiv zu verhalten.

Bauen Sie also ein positives Bild von sich auf. Nehmen Sie sich auch mit Ihren Schwächen an. Dann vermögen Sie auch Misserfolge leichter zu überwinden.

Wichtig: Mit Selbstwertgefühl entwickeln Sie eine positive Ausstrahlung. Sie akzeptieren die Mitmenschen, ohne zum Opfer eines Feindbildes zu werden. Mit Selbstwertgefühl gehen Sie überzeugend auf andere Menschen zu.

Wie groß ist Ihr Selbstwertgefühl?

Der folgende Test will Ihnen helfen, sich über Ihr eigenes Selbstwertgefühl ein Bild zu machen. Seien Sie beim Nachdenken über sich ehrlich. Schreiben Sie hinter jede Feststellung die Zahl, die Ihrer Meinung Ihrer Situation entspricht. Beantworten Sie die Fragen möglichst spontan, also ohne lange darüber nachzudenken.

Wie ist Ihr Selbstwertgefühl?

Ist nicht der Fall – teilweise der Fall – stimmt überwiegend

      0   1   2

1. Ich mache mir häufig Sorgen um mein Aussehen.

2. Ich mache mir oft Gedanken um mein Ansehen bei anderen.

3. Ich bin oft deprimiert.

4. Sprechen andere über mich, meine ich, sie sprechen schlecht über mich.

5. Ich glaube nicht an meine Fähigkeiten.

6. Ich vergleiche mich oft mit anderen.

7. Ich fühle mich schnell von anderen angegriffen.

8. Die Meinung anderer über mich ist mir sehr wichtig.

9. Ich kann nicht Nein sagen.

10. Wenn ich mich für mich einsetze, habe ich ein schlechtes Gewissen.

11. Ich kann Kritik nicht ertragen.

12. Ich fühle mich oft ungeliebt.

13. Es fällt mir schwer, Komplimente anzunehmen.

14. Ich fühle mich Vorgesetzten gegenüber nicht gleichwertig.

15. Die Anerkennung von anderen ist mir sehr wichtig.

16. Vergleiche ich mich mit anderen, so ergibt sich immer ein schlechtes Ergebnis.

17. Ich bin bemüht, jede Schwäche vor anderen zu verbergen.

18. Ich will immer perfekt sein.

19. Ich habe Angst, mein wahres Ich zu zeigen.

Steigern Sie Ihr Selbstwertgefühl

20. Ich werfe mir oft meine Fehler vor.

21. Ich bin oft ärgerlich auf mich.

22. Ich kann nicht über mich selbst lachen.

23. Ich traue mir nicht zu, Aufgaben zu übernehmen, die ich noch nicht bewältigt habe.

24. Ich kann Missstimmungen nicht aushalten.

25. Ich kann die Entscheidungen anderer nicht akzeptieren.

26. Es ist mir sehr unangenehm, wenn es Menschen gibt, die mich nicht mögen.

27. Ich habe oft Schuldgefühle.

28. Ich kenne meine Stärken nicht.

29. Ich meine, dass ich nichts Besseres verdient habe.

30. Ich wage nichts, weil ich Angst vor Misserfolgen habe.

Auswertung

0 – 10 Punkte

Sie haben ein sehr gutes Selbstwertgefühl.

11 – 25 Punkte

Ihr mangelndes Selbstwertgefühl hindert Sie daran, sich geschickt durchzusetzen. Arbeiten Sie nach den Methoden dieses Buches.

26 – 40 Punkte

Sie haben Ihr Selbstwertgefühl erheblich zu steigern, um sich besser zu behaupten. Sie haben mehrere Monate an sich zu arbeiten.

41 – 60 Punkte

Ihr Selbstwertgefühl liegt weit unten. Doch auch Ihre Lage ist nicht hoffnungslos, wenn Sie nur konsequent an sich arbeiten.

Es spielt keine Rolle, wie alt Sie sind oder wie gering Ihr Selbstwertgefühl ist. Sie haben lediglich gelernt, negativ über sich zu denken, und das können Sie wieder verlernen.

Was das Selbstwertgefühl geschwächt hat

Wir haben alle einen inneren Kritiker in uns, der darüber urteilt, wie wir uns verhalten. Er ist immer schnell dabei, uns zu verurteilen, wenn wir Schwächen zeigen. Er redet uns Schuldgefühle ein, er weist uns aber nie auf unsere starken Seiten hin.

Der innere Kritiker entwickelte sich in den ersten Lebensjahren, in denen uns Eltern und Erwachsene immer auf unsere Fehler hingewiesen haben. Wenn wir nicht so waren, wie sie es erwarteten, hörten wir Sätze wie: „Aus dir wird nie etwas werden.", „Du bist vollkommen ungeschickt.", „Du bist faul." und anderes mehr. So wurde den meisten Menschen auch von den Eltern das Gefühl vermittelt, dass sie nicht wertvoll seien.

Sind die Eltern auf das Kind böse, hat es Angst, von ihnen abgelehnt zu werden. Und so übernimmt es dann die Ansichten der Eltern. Später wird dann die negative Beeinflussung noch durch die Lehrer in der Schule und durch die Werbung fortgesetzt.

Achtung: Ihr innerer Kritiker ist das Gedankenprogramm, das in Ihnen abläuft.

Es liegt an Ihnen, ob Sie dieses Denkprogramm weiter ablaufen lassen. Sie können es durch ein anderes ersetzen. Sie allein haben die Kontrolle über Ihre Gedanken und Gefühle.

Die Entscheidung, ein anderes Programm aufzubauen, ist jedoch erst der erste Schritt. Weitere Schritte haben noch zu folgen.

Eine hilfreiche Übung für die Eigenveränderung ist: Machen Sie sich das Ausmaß des inneren Kritikers bewusst. Achten Sie zwei Tage einmal darauf, wie oft sich Ihr innerer Kritiker zu Worte meldet. Machen Sie dazu auf einer Strichliste, die Sie immer bei sich tragen, jedes Mal einen Strich. Ein Seminarteilnehmer hatte nach zwei Tagen 130 Striche auf der Liste.

Wird Ihnen bewusst, wie oft Ihnen der innere Kritiker Negatives äußert, dann wird es Sie motivieren, ihn zum Verstummen zu bringen.

Wie Sie Ihr Selbstwertgefühl verbessern

Um Ihr Selbstwertgefühl und Ihr Selbstbild zu verbessern, gehen Sie auf zweierlei Weise voran.

- Sie reduzieren die Anzahl der Negativaussagen Ihres inneren Kritikers.

- Sie erhöhen die Zahl der positiven Selbstaussagen.

Sie reduzieren die Anzahl der Negativaussagen Ihres inneren Kritikers

Sie wissen, Sie machen sich die Hemmungen und Ängste durch die Art, wie Sie über sich denken.

Wichtig: Wenn Sie Ihr Selbstwertgefühl und damit Ihr Selbstvertrauen steigern möchten, dann müssen Sie Ihre Meinung über sich ändern.

Der innere Kritiker versteht es ausgezeichnet, die Wirklichkeit zu verzerren. Seine häufigen Tricks sind

- übertriebene Verallgemeinerung, z. B. einmal Pech gehabt heißt immer Pech gehabt.

- Alles-oder-Nichts-Denken, z. B. entweder du setzt dich durch oder schaffst es nie.

- einengende Wahrnehmung, z. B. Sie sehen nur die negativen Seiten einer Person.

- zu meinen, es läge alles immer in Ihrer Hand.

- Übertreibung von Fehlern und Irrtümern.

- Gefühlsdenken, z. B. das Gefühl sich minderwertig zu fühlen sei ein Beweis dafür, dass es auch tatsächlich der Fall sei.

- den Glauben an eine vollkommene Perfektion aufzubauen und wenn das utopische Ziel nicht erreicht wird, sich minderwertig zu fühlen.

- mit zweierlei Maß zu messen, z. B. Sie legen bei der Beurteilung von Mitmenschen einen anderen Maßstab an als bei sich selbst.

Hier zwei Strategien, um den inneren Kritiker zu stoppen. Sagen Sie stopp! Fragen Sie sich:

- Entspricht der Gedanke der Wirklichkeit?

- Hilft der Gedanke, mich wohler zu fühlen und zu mehr Selbstverwirklichung zu gelangen?

Beispiel:

Sie werden in einer Diskussion angegriffen. Aus Harmoniesucht wehren Sie sich nicht. Ihre Gedanken dazu entsprechen nicht der Wirklichkeit. Denn wehren Sie sich nicht, wird der andere Sie für schwach halten.

So verhalten Sie sich richtig: Beugen Sie sich über den Tisch. Schauen Sie dem anderen in die Augen. Stellen Sie eine offensive Gegenfrage: „Wie meinen Sie das?" oder „Was wollen Sie damit sagen?" Dann fixieren Sie Ihr Gegenüber selbstbewusst und sagen nichts, bis er seinen Angriff wiederholt oder herunterspielt. Ertragen Sie falls notwendig eine längere Pause. Das kleinste Signal, dass Sie Angst oder Angst vor dem Schweigen haben, wird den anderen ermutigen, seinen Angriff zu verstärken. Hören Sie sich mit unbewegter Miene an, was der Angreifer sagt. Sagen Sie, wenn der andere seinen Angriff heruntergespielt hat, mit unbewegter Stimme: „Hm". So zeigen Sie:

■ Sie haben keine Angst vor einem Konflikt.

■ Sie lassen sich nicht zu einer Diskussion zwingen.

Zurück zum Umgang mit dem negativen Kritiker.

Praxis-Tipp:

Bringen Sie den negativen Kritiker in sich zum Schweigen. Sagen Sie stopp, wenn er sich meldet. Trainieren Sie dies regelmäßig.

Nun zur zweiten Strategie.

Sie erhöhen die Zahl Ihrer positiven Selbstaussagen

1. Sie konzentrieren sich auf Ihre positiven Seiten. Überlegen Sie sich, welche positiven Eigenschaften Sie haben und schreiben Sie wenigstens sieben davon auf.

2. Verändern Sie negative Selbstaussagen in positive.

Negative Aussagen	Positive Aussagen
Ich kann mich nicht durchsetzen.	Ich setze mich durch.
Ich fühle mich schlecht.	Ich fühle mich wohl.
Ich bin ängstlich.	Ich bin mutig.

3. Betreiben Sie am Tage dreimal Selbstbejahung. Stellen Sie einen Text auf, wie Sie sein wollen, z. B. „Ich glaube an mich. – Ich glaube ganz fest an mich. – Ich bin der Steuermann meines Lebens. – Ich erreiche, was ich mir vorgenommen habe. – Begeisterung und Vitalität strahlen von mir aus. – Ich akzeptiere mich, wie ich bin. – Ich bin der Lenker meiner Gefühle und Gedanken. – Ich mag das Leben."

4. Bei dieser Übung wird Ihnen der Kritiker anfangs widersprechen. Er wird Ihnen versuchen einzureden, Sie machen sich etwas vor. Ist das aber tatsächlich der Fall?

   Es ist nur die alte Vorstellung über Sie, die sich aus Gewohnheit zu Worte meldet. Die Vorstellung über Sie hat aber mit der Wirklichkeit nichts zu tun. Von der neuen Meinung über sich müssen Sie sich durch ständige Wiederholung der Selbstbejahung erst selbst überzeugen. Hören Sie also nicht auf das Gefühl, das Ihnen das Gegenteil davon einzureden versucht. Wenn Sie die Übung nur konsequent betreiben, bauen Sie ein neues positives Gefühl auf. Es darf Sie dann nicht stören, wenn Sie die Übung hundert oder zweihundert Mal machen müssen.

5. Verurteilen Sie nicht Ihre negativen Seiten. Selbst wenn Sie wegen Ihrer Schwächen noch so viele Schuldgefühle entwickeln, wird es davon nicht besser. Das Gegenteil ist der Fall.

6. Entdecken Sie an jedem Menschen etwas Positives. So entdecken Sie noch mehr positive Seiten an sich und gewinnen Menschen für sich.

7. Loben Sie sich für Ihre Fortschritte. Das Eigenlob gibt Ihnen Mut und Energie weiterzumachen.

8. Nehmen Sie Komplimente an. Spielen Sie die Komplimente anderer nicht herunter, wenn Sie z. B. sagen: „Das kann jeder."

9. Entscheiden Sie sich für das, was für Sie wichtig ist. So entwickeln Sie Authentizität.

10. Trennen Sie sich vom Perfektionswahn.

11. Schaffen Sie sich angenehme Erlebnisse. Nehmen Sie sich am Tag wenigstens eine halbe Stunde Zeit. Tun Sie dann das, was Ihnen Freude bereitet. Stellen Sie sich etwa dreimal oder häufiger am Tage etwa eine halbe Minute lang etwas Schönes vor. Lassen Sie sich ganz von dem schönen Gefühl durchdringen, das sich aufbaut.

Checkliste: Selbstwertgefühl steigern

■ Nur mit Selbstwertgefühl setzen Sie sich durch.

■ Sie haben Selbstwertgefühl, wenn Sie positiv über sich denken.

■ Ihr Umgang mit sich selbst entscheidet darüber, wie Sie mit anderen umgehen.

■ Mit dem Test „Wie ist Ihr Selbstwertgefühl" erkennen Sie, was Sie noch zu verbessern haben.

■ Sie steigern Ihr Selbstwertgefühl, wenn Sie mit „stopp" die Negativaussagen Ihres inneren Kritikers reduzieren.

■ Erkennen Sie die Tricks, mit denen Ihr innerer Kritiker ein falsches Wirklichkeitsbild vormacht.

■ Steigern Sie mit den dargelegten elf Vorgehensweisen Ihre positiven Selbstaussagen.

Das Selbstbehauptungs-training – ein schrittweiser Prozess

3

Selbstsicheres Verhalten in Schritten lernen

Um mehr Selbstsicherheit zu entwickeln und sich besser zu behaupten, haben Sie in vier Schritten vorzugehen:

1. Sie machen eine persönliche Bilanz über die Situationen, in denen Sie sich nicht privat und/oder beruflich behauptet haben.

Überlegen Sie: An welche privaten und beruflichen Situationen erinnern Sie sich, in denen Sie Schwierigkeiten hatten?

2. Sie beschreiben, was in der Konfliktsituation geschehen ist.

Sie beschreiben hier auch, welche Gefühle Sie erlebt haben. Sie beurteilen die Situation also auch emotional. Viele Menschen mit schwachem Selbstbewusstsein werden durch ihre Gefühle an der Selbstbehauptung gehindert. Sie werden entweder zu schnell ungehalten und aggressiv oder sie sind völlig verunsichert. Gefühle drücken sich in den verschiedensten Anzeichen physiologischer Erregung aus. Ordnen Sie zum Abschluss alle gesammelten Vorkommnisse nach dem Grad der Belastung, mit der Sie die Situation erlebt haben. Bewerten Sie diese Situation mit 1 (wenig bedrohlich), 2 (mittelmäßig bedrohlich) und 3 (sehr bedrohlich). Beschäftigen Sie sich zunächst mit den mittelmäßig bedrohlichen Situationen. Dies sind solche Situationen, bei denen Sie sich unzulänglich, unwohl und frustriert fühlen.

3. Überlegen Sie sich, wie Sie sich geschickt behaupten. Stellen Sie dazu ein Skript auf.

4. Trainieren Sie das Verhalten erst mental.

5. Probieren Sie es dann in der Wirklichkeit aus.

Mit den Schritten 1, 2 und 4 beschäftigt sich dieses Kapitel, Schritt 5 ist der Inhalt des ganzen Buches.

Nach dieser Übersicht wollen wir uns im nächsten Abschnitt mit der Inventur Ihres selbstsicheren Verhaltens beschäftigen.

Die Inventur Ihres selbstsicheren Verhaltens

Nehmen Sie wenigstens eine halbe Stunde Zeit, um sich zu erinnern, in welchen privaten und beruflichen Situationen Sie sich unwohl gefühlt und in welchen Situationen Sie Misserfolge erlebt haben. Beschreiben Sie, welche Partner daran beteiligt waren und was geschehen ist. Notieren Sie, mit welchen Sätzen Ihre Partner mit Ihnen umgegangen sind. Stellen Sie die Fragen nach dem „Wer", „Warum", „Was" und „Wo".

Wer?

Wer sind die Personen, denen Sie sich gegenüber nicht selbstsicher und nicht angemessen verhalten?

Ist es vielleicht

■ der Chef,

■ ein Mitarbeiter,

■ ein rivalisierender Kollege

usw.

Wann?

Wann verhalten Sie sich unsicher und nicht behauptend? Ist es vielleicht, wenn Sie

■ Ihre Idee für die Lösung eines Problems vorschlagen?

■ negative Gefühle verbal ausdrücken?

Das Selbstbehauptungstraining – ein schrittweiser Prozess

- gegen ärgerliche Gewohnheiten protestieren?
- gegen die Verletzung Ihrer Interessen protestieren?
- sich mit unberechtigter Kritik auseinander setzen?
- allein mit jemandem reden?
- vor einer Gruppe reden?
- positive Gefühle ausdrücken?
- sich gegen ungerechte Behandlung wehren?
- von anderen angegriffen werden?
- eine Gehaltserhöhung fordern?
- Ihre Leistungen darstellen?
- Ihre Meinung verteidigen?
- um Hilfe bitten müssen?
- mit einer Autoritätsperson reden?

usw.

Was?

Welche Themen lösen bei Ihnen unsicheres Verhalten aus? Sind es vielleicht Ihre

- Leistungen?
- Fehler?
- Finanzen?

usw.

Stellen Sie sich auch die Frage: Gibt es Unterscheidungs- und Übereinstimmungsmerkmale bei den Problemsituationen?

Wo?

An welchen beruflichen Orten hatten Sie Durchsetzungsprobleme? War es in Ihrem Büro, im Zimmer des Chefs, im Konferenzraum, in der Werkshalle oder bei Kunden? Gibt es Ähnlichkeiten in den Plätzen?

Zur konkreten Beschreibung Ihrer Problemsituationen hilft Ihnen das Formblatt auf der nächsten Seite. Denken Sie darüber nach, was am stärksten auf Sie bedrohend wirkt: Sind es Personen, Zeitpunkte oder Anlässe?

Widmen wir uns jetzt der Beschreibung Ihrer emotionalen Reaktion: Welche körperlichen Anzeichen Ihrer Emotionen zeigten sich bei Ihnen? War es

- Erröten?
- ein flaues Gefühl im Magen?
- ein Schweißausbruch?
- ein beschleunigter Puls?
- Herzklopfen?
- ein trockener Mund?
- Zittern?
- Sonstiges?

Hatten Sie negative Gedanken während oder nach der Problemsituation über Ihr Verhalten und über sich? Was sagten Sie sich?

Beschreiben Sie Ihre Problemsituation

Beantworten Sie dazu folgende Fragen:

Wer: Wer war Ihr Gegenüber?

....

Wann: Was war das Thema des Gesprächs?

....

Wo: Wo fand die Begebenheit statt?

....

Was: Was sagte die andere Person?

Was war deren Verhalten?

....

Was: Was sagten Sie? Was war Ihr Verhalten?

....

Wie: Wie war Ihre Körpersprache?

....

Gefühlsbeschreibung:

- Welche Gefühle hatten Sie in der Situation?
- Welche negativen Gedanken hatten Sie bei und nach der Problemsituation?
- Hatten Sie bei oder nach der Problemsituation negative Gedanken von sich?

Neue Verhaltensmuster machen Sie selbstbewusster

Hier noch einige Feststellungen, die Sie motivieren sollen, neue Verhaltensweisen zu entwickeln.

Eine weit verbreitete Meinung ist: Sie müssen erst Ihre Einstellung ändern, bevor Sie Ihre Verhaltensweise ändern können. Diese Ansicht ist falsch. Das haben meine und auch die Erfahrungen anderer aus der psychologischen Praxis gezeigt.

Praxis-Tipp:

Ändern Sie Ihre Verhaltensweisen, so werden Sie auch selbstbewusster.

Wenn sich jemand über Jahre unsicher oder aggressiv gegenüber seiner Umwelt verhält, so hat er eine sehr geringe Meinung über sich selbst. Sein Verhalten wiederum wird von der Umwelt mit Verachtung oder dem Meiden seiner Person beantwortet.

Der Nichtselbstbewusste stellt die Reaktion fest und sagt sich: „Ich habe doch gleich gewusst, dass mit mir nichts los ist." Seine geringe Selbsteinschätzung hat sich bestätigt. Er setzt seine unangemessenen Verhaltensweisen weiter fort. Der Nichtselbstbewusste ist das Opfer eines verhängnisvollen Teufelskreises geworden.

Negativ-Zyklus

Unangemessenes Verhalten – negatives Feedback –
selbstabwertende Einstellung – unangemessenes Verhalten

Nun ist das Verhalten eines Menschen am leichtesten zu beobachten. Das äußere Verhalten muss längst nicht den Einstellungen und Gefühlen entsprechen, die sich dahinter verbergen.

Wichtig: Das Verhalten ist diejenige Komponente, die Sie am leichtesten und am schnellsten verändern können.

Daher ist es das Ziel des Buches, einige Ihrer Verhaltensmuster zu verändern. Nutzen Sie also den positiven Zyklus.

Positiv-Zyklus

Angemessene Verhaltensweise – positive Reaktion der Mitmenschen – Steigerung des Selbstwertes – Erhöhung der Selbstsicherheit

---

Beispiel:

Frau Stein hatte wenig Selbstwertgefühl, da sie sich bei Angriffen in Diskussionen nicht wehren konnte. Als sie in solchen Situationen die Techniken einsetzte, die sie in meinem Buch „Geschickt kontern: Nie mehr sprachlos!" gelesen hatte, schaffte sie es, sich durchzusetzen. So wurde sie auch wesentlich sicherer.

Nun muss nicht jede Selbstbehauptung so schnell zum Erfolg führen. Erfolg erfordert oft ein schrittweises Vorgehen, um immer schwierigere Situationen zu bewältigen.

Allgemein gilt: Selbstbehauptung belohnt sich selbst. Es ist für Sie ein angenehmes Gefühl, wenn Sie erleben, dass Situationen für Sie immer häufiger positiv ausgehen. Vorausgesetzt, Sie stellen sich den Situationen.

Praxis-Tipp:

Verändern Sie Ihr Verhalten, so führt das zu

- einem Erfolgserlebnis,
- einem neuen Verhältnis gegenüber Mitmenschen und Situationen sowie
- einer veränderten Einstellung gegenüber sich selbst.

Wie Sie dieses Ziel erreichen, das ist der Inhalt des folgenden Abschnitts.

Wie Sie sich neue Verhaltensmuster einüben

Entsprechend dem Formblatt in Abschnitt 2 dieses Kapitels haben Sie mehrere Problemsituationen analysiert. Nun wählen Sie eine davon aus, die für Sie einen mittleren Schwierigkeitsgrad hat. Das kann sein: Ein Freund redet ständig auf Sie ein, obwohl Sie noch viel zu erledigen haben. Oder ein Vorgesetzter macht Sie wegen eines kleinen Fehlers völlig herunter. Welche Situationen Sie sich auch auswählen, gehen Sie in folgenden Schritten vor:

Schritt 1: Analysieren Sie Ihre Situation

Gehen Sie also nochmals Ihre Eintragungen durch, die Sie in das Formblatt vornahmen. Sie erinnern sich also an Ihre Worte, den Augenkontakt, die Körperhaltung, die Gesten, den Gesichtsausdruck und an die Stimme. Sie erinnern sich an solche Einzelheiten, die unsicheres oder aggressives Verhalten verraten.

Schritt 2: Orientieren Sie sich an einem Vorbild

Es kann Ihnen helfen, wenn Sie sich an jemanden erinnern, der die gleiche Situation einmal positiv bewältigt hat. Sind Sie mit dem Vorbild vielleicht befreundet, dann besprechen Sie mit ihm oder ihr den Vorfall.

Schritt 3: Denken Sie sich Alternativen aus

Überlegen Sie: Welche Möglichkeiten gibt es noch, dem Vorfall geschickt zu begegnen? Lassen Sie sich durch dieses Buch zu neuen Möglichkeiten anregen.

Schritt 4: Stellen Sie sich vor, Sie meistern die Situation

Sie schließen die Augen und malen sich dabei aus, wie Sie in der betreffenden Situation durchsetzungsstark sind. Sie stellen sich also vor, wie Sie Ihrem Gegenüber das sagen, was Sie ihm sagen wollen. Sie stellen sich vor, wie Sie Ihre Körpersprache einsetzen, um zum Erfolg zu gelangen. Hilfreich ist es auch, wenn Sie Ihre Worte laut sprechen und mit einem Rekorder aufnehmen. Sie können sich dann danach selbst überzeugen, ob Ihre Worte selbstsicher klingen.

Schritt 5: Trainieren Sie weiter

Trainieren Sie so lange mental, bis Sie die schwachen Seiten Ihres Verhaltens verbessert haben. Trainieren Sie, bis Sie glauben, die vorher bedrohliche Situation in selbstbewusster Art bewältigen zu können.

Schritt 6: Setzen Sie das trainierte Verhalten in die Wirklichkeit um

Sie sind jetzt gerüstet, die eingeübte Reaktionsweise in der Wirklichkeit auszuprobieren. Sie haben sich durch Ihr Training und wiederholtes Einüben darauf vorbereitet, gleichsam automatisch auf eine Situation zu reagieren. Deshalb sollten Sie mutig den Versuch auch in der Praxis durchführen. Sollten Sie dazu noch nicht bereit sein, sind noch einige Übungen erforderlich.

Schritt 7: Verstärkung durch die Umwelt

Seien Sie darauf bedacht, sich durch häufige Anwendung Ihres Verhaltens in der Praxis möglichst viele Erfolgserlebnisse zu verschaffen. So festigen Sie Ihr selbstbehauptendes Verhalten. Sie erleben dann ein Gefühl der Zufriedenheit über Ihre erfolgreiche

Selbstbehauptung. Eine zusätzliche Reaktion auf Ihre Fortschritte ist der Respekt und die Bewunderung, die Ihnen andere entgegenbringen.

Praxis-Tipp:

Seien Sie beharrlich und trainieren Sie. Denken Sie bitte daran: Nur das Lesen dieses Buches allein verändert Sie noch nicht. Handeln Sie also. Und führen Sie diese Übungen durch.

Wichtig: Mit der Zeit können Sie die antrainierten Verhaltensweisen auch in Stress- und Erschöpfungssituationen anwenden. Das stärkt Ihr Selbstbewusstsein. Die antrainierten Verhaltensweisen werden zu Ihren ganz natürlichen Verhaltensweisen.

Ihre Körpersprache ist wichtig für den Durchsetzungserfolg

Bei Seminaren werde ich oft gefragt: „Wie kann ich mehr Selbstsicherheit ausstrahlen, damit Mitmenschen schnell wissen, dass ich mir nicht alles gefallen lasse und man mich respektiert?"

Ihr Erfolg in Gesprächen hängt tatsächlich sehr davon ab, wie Sie auftreten. Hier beschäftigen wir uns damit, was Sie ohne Worte über sich aussagen, nämlich mit Ihrer Körpersprache. Schauen wir uns an, wie Sie allein schon durch den bewussten Einsatz der Körpersprache Selbstsicherheit ausstrahlen und unsicheres Verhalten vermeiden.

Blickkontakt

Unsichere Menschen weichen dem Blick Ihres Gegenüber immer aus. Sie wirken allein schon dadurch selbstsicher, dass Sie Ihr Gegenüber anschauen, wenn Sie sich mit ihm unterhalten.

Versuchen Sie daher immer Blickkontakt mit Ihrem Gegenüber zu halten. Am besten Sie trainieren das sofort. Wenn Sie sich vielleicht in diesem Moment in einem Zug befinden und dieses Buch lesen, dann schauen Sie Ihr Gegenüber ruhig direkt an. Lassen Sie sich nicht davon beeindrucken, wenn Sie dabei unangenehme Gefühle verspüren. Wenn Sie den Blickkontakt jeden Tag üben, wird es Ihnen nach kurzer Zeit schon leichter fallen, Ihrem Gegenüber in die Augen zu schauen.

Körperhaltung

Stehen, sitzen und gehen Sie aufrecht. Machen Sie Ihre Schultern weder krumm noch ziehen Sie diese hoch. Setzen Sie sich auch nicht auf die vordere Stuhlkante oder kippen Sie den Stuhl. Unsichere Menschen zeigen oft eine nach vorn gebeugte Körperhaltung und die Schultern hängen herunter.

Gestik

Sie wirken dann selbstbewusst, wenn Sie mit Armen und Beinen möglichst viel Raum einnehmen. Entfernen Sie beim Gestikulieren auch die Ellbogen vom Körper. So beziehen Sie auch die Schultern mit ein, und die Gestik kommt nicht nur aus den Unterarmen. Unterstreichen Sie eine Aussage durch angemessene Gesten, so wird sie dadurch noch betont.

Gangart

Gehen Sie direkt auf andere zu, so dass diese Ihnen ausweichen und nicht umgekehrt. Gehen Sie auch in der Mitte der Flure. Treten Sie fest auf und schleichen Sie nicht.

Mimik

Erfolgreiche Selbstbehauptung verlangt eine Mimik, die mit der Situation übereinstimmt. Gefühle werden vor allem durch Mimik vermittelt.

Stellen Sie sich vor einen Spiegel und drücken Sie verschiedene Gefühlszustände mit Ihrer Mimik aus. Setzen Sie eine ernste Miene auf, dann eine herausfordernde, dann eine wütende. Spüren Sie, was Sie wahrnehmen, wenn Sie solche Gefühle ausdrücken. So sensibilisieren Sie sich für einen besseren Einsatz Ihrer Mimik.

Stimme

Mit einer flüsternden oder einer zu leisen und monotonen Stimme werden Sie sich nicht durchsetzen. Das gilt auch, wenn Sie zu schnell sprechen, weil Sie dann Wortendungen verschlucken oder sich zu leicht verhaspeln.

Sprechen Sie nicht deutlich und nicht laut genug, dann üben Sie das. Schalten Sie den Fernseher oder das Radio lauter als sonst. Setzen Sie sich neben das Gerät. Lesen Sie laut aus einem Buch vor, so dass Sie die anderen Geräusche übertönen.

Sie wissen nun, was erforderlich ist, eine durchsetzungsstarke Körpersprache zu zeigen. So werden Sie dann auch in entsprechenden Situationen den erforderlichen „Biss" zeigen. Sie haben aber auch neben der Durchsetzungskraft Nettigkeit zu zeigen. So wirken Sie sympathisch und gewinnen Menschen für sich.

Wichtig: Ihre Körpersprache hat je nach Situationen Nettigkeit oder Entschlossenheit und die erforderliche Durchsetzungskraft zu zeigen.

Wie entwickeln Sie nun eine solche Körpersprache, die Sie Mitmenschen gegenüber sympathisch macht?

Das Selbstbehauptungstraining – ein schrittweiser Prozess

Sie erhöhen die Nettigkeit und die Freundlichkeit Ihrer Ausstrahlung, wenn Sie

- Ihr positives Denken verstärken

- Stimmungsmanagement betreiben

- die positiven Eigenschaften der Mitmenschen erkennen

- akzeptieren, dass Menschen verschieden sind und Fehlverhalten zeigen

- Begeisterung ausstrahlen, die Sie für Ihr Leben und Ihre Ziele empfinden

- für Ihre Ziele kämpfen, ohne Ihre Rivalen zu hassen

- Mitmenschen anlächeln

Praxis-Tipp:

Dem Lächeln kommt eine besondere Bedeutung zu. Lächeln macht Sie sympathischer. Üben Sie einmal vor dem Spiegel. Lächeln Sie möglichst oft. Tun Sie das auch, wenn man es nicht sieht.

So lächeln Sie natürlich: Bemühen Sie sich, mit den Augen zu lächeln. Dann wirkt Ihr Mund nicht verkrampft und lächelt natürlich.

Trainieren Sie Mitmenschen anzulächeln, wenn Sie ihnen begegnen oder ein Gespräch mit ihnen beginnen. Ihr Gegenüber fühlt sich wohler. Sie fühlen sich wohler.

Emotionsforscher fanden heraus:

Während Amerikaner ständiges Lächeln positiv bewerten, empfinden dies Mitteleuropäer als künstlich und unangenehm. Wer zu oft lächelt, wird als unterwürfige Person, der Durchsetzungskraft fehlt, eingeschätzt.

Wichtig: Sie erreichen eine durchsetzungsstarke Körpersprache, wenn Sie Ihre persönliche Stärke und Ihren Mut aktivieren.

Zum Abschluss dieses Abschnitts eine Übung, wie Sie eine positive Körpersprache von innen aufbauen:

Übung für mehr Power-Ausstrahlung

- Sie erinnern sich, welche schwierigen Aufgaben Sie schon erfolgreich gemeistert haben. Wählen Sie ein oder zwei Erlebnisse aus.

- Sie geben sich ganz der Erinnerung des Erfolgserlebnisses hin und lassen sich ganz von dem Gefühl der Energie und der Stärke durchdringen, das Sie dabei empfinden.

- Drücken Sie dann Ihr Gefühl auch in Ihrer Körperhaltung aus. Zunächst im Stehen, dann im Sitzen. Ihre Haltung wird dann auch aufrechter.

- Vermeiden Sie, sich bei der Übung anzuspannen. Lockern Sie Ihren Gesichtsbereich.

- Nehmen Sie nun das Gefühl der inneren Stärke wahr. Prägen Sie sich das Gefühl ein, das Sie erleben. Je häufiger Sie die Übung machen, desto leichter vermögen Sie den Mut und die Ausstrahlung auch in der Praxis abzurufen.

Diese Übung eignet sich dazu, sie kurz vor wichtigen Gesprächen durchzuführen. So erhöhen Sie Ihre Ausstrahlung.

Wichtig: Hektik und Geschäftigkeit verhindern Ihre Powerausstrahlung. Gehen Sie zum Beispiel ruhig und nicht zu schnell auf die Gruppe oder Ihr Gegenüber zu. Beginnen Sie mit dem Gespräch auch erst, wenn Sie Platz genommen haben. So haben Sie auch die nötige Offenheit für die Situation und vermögen Ihrem Gegenüber Ihre Selbstsicherheit zu vermitteln.

Drücken Sie Selbstbewusstsein in der Sprache aus

Viele Menschen sprechen eine vorsichtige Sprache. Sie verwenden solche Aussagen, die sie leicht wieder zurückziehen können, wenn sie nicht auf Zustimmung bei anderen treffen sollten. Ein solches Wort ist „vielleicht", zum Beispiel: „Kann ich vielleicht von Ihnen ... bekommen?" Das Wort „vielleicht" ist ohne Schwierigkeiten wegzulassen. Es hat die Absicht, die eigene Aussage zu schwächen, damit sie nur nicht wie eine Forderung klingt.

Ähnlich wirkt die Formulierung: „Ich würde meinen ..." oder „Ich würde sagen ...". Nur wenigen Menschen ist es heute noch bewusst, wie wenig selbstsicher eine solche Formulierung wirkt.

Ebenso verhält es sich mit dem Wort „eigentlich". „Eigentlich wollte ich in die Stadt fahren." Das Wort „eigentlich" kehrt den Satz ins Gegenteil. Eigentlich wollte ich in die Stadt fahren heißt im Klartext: Du hast mich überredet zu bleiben. Ich bin bereit, mich dir zu unterwerfen. Auch die Formulierung „Ich würde gern ..." wird vom Gegenüber als Signal gewertet, gegenüber seinen Interessen nachzugeben. Und die Verwendung des Konjunktivs bringt wenig Sicherheit zum Ausdruck. Wie wirkt wohl jemand auf Sie, der zum Beispiel im Geschäft sagt: „Ich hätte gern ..."?

Wann behaupten, wann nicht?

Suchen Sie sich für Ihre Selbstbehauptungssituation solche Situationen aus, die eine hohe Erfolgswahrscheinlichkeit haben. Dann erreichen Sie Ihr Ziel und der Selbstverstärkungseffekt tritt auf.

Folgende Fragen helfen Ihnen, über die Folgen nachzudenken, die das Eintreten für Ihre Rechte haben kann, um so zu einer guten Einschätzung zu gelangen.

1. Wie wichtig ist es für Sie, in der betreffenden Situation Ihren Standpunkt darzulegen?

   Bewerten Sie die Wichtigkeit mit einer Skala von 1 bis 10. Hierbei bedeutet 1 gleich unwichtig, 10 dagegen extrem wichtig.

2. Welches Verhalten erwarten Sie von Ihrem Gegenüber?

3. Was sind die positiven Ergebnisse, wenn Sie für Ihr Recht eintreten? Wie groß ist die Wahrscheinlichkeit, dass Sie Ihr Ziel erreichen? Geben Sie die Wahrscheinlichkeit dafür an, die zwischen 0 und 100 Prozent liegen wird.

4. Welche Nachteile können sich für Sie ergeben, wenn Sie Ihren Standpunkt vertreten? Wie groß ist die Wahrscheinlichkeit, dass der eine oder der andere Nachteil eintritt? Geben Sie die Wahrscheinlichkeit für die einzelnen Nachteile auch wieder zwischen 0 und 100 Prozent an.

5. Was können Sie tun, wenn Sie sich in der Situation nicht durchsetzen? Welche Möglichkeiten entdecken Sie, um die Erfolgswahrscheinlichkeit zu erhöhen?

Halten wir fest: Sie überlegen vor jeder Situation, ob Sie sich durchsetzen wollen und wie groß die Erfolgswahrscheinlichkeit ist. Sie fällen ein Urteil darüber, ob der wahrscheinliche Nutzen größer ist als die wahrscheinlichen Nachteile. Dann entscheiden Sie, ob Sie in der Situation Ihren Standpunkt darlegen und sich zu behaupten versuchen. Selbstunsichere Menschen haben die Tendenz, die möglichen Gefahren einer Situation zu überschätzen. Damit Sie möglichst bald Erfolgserlebnisse haben, wurde Ihnen empfohlen, mit einfachen und mittelschweren Durchsetzungssituationen zu beginnen. Ihre Erfolge führen dann auch automatisch zu einer Verstärkung Ihres positiven Verhaltens. Wagen Sie sich danach auch an schwierige Situationen.

Praxis-Tipp:

Machen Sie sich Mut, um sich auch an schwierige Situationen zu wagen.

Sie wissen jetzt, wie Sie es zu tun haben. Anstatt sich ängstlich Gedanken hinzugeben, bauen Sie Gedanken des Mutes auf. „Ich glaube an mich, ich glaube ganz fest an mich. Ich strahle innere Sicherheit aus. Ich setze mich durch … " usw.

Vielleicht wenden Sie ein: „Und was ist, wenn ich mich nicht durchsetzen kann? Dann falle ich doch gleichsam in ein Loch?"

Wichtig: Niemand vermag sich immer durchzusetzen.

Selbst die durchsetzungsstärksten Menschen schaffen es nicht, sich immer durchzusetzen. Entscheidend ist jedoch, wie solche Menschen damit umgehen. Sehen Sie Durchsetzungssituationen wie Spielsituationen an. Sie lernen daraus, was Sie beim nächsten Mal besser machen.

Wichtig: Durchsetzungsstarke sind immer solche Menschen, die auch gelegentlich ein Risiko eingehen können. Helmut Kästner sagte: „Wer nie ein Risiko eingeht, der geht das größte Risiko ein."

Nur wenn Sie offensiv sind, werden Sie auch ein Leben nach Ihren Vorstellungen führen können. Haben Sie Angst vor Sympathieverlust oder den Aggressionen anderer, dann werden Sie sich feige zurückziehen. Sie müssen nicht in jedem Fall gegen die Aggressionen anderer vorgehen oder sich immer durchsetzen. Sie dürfen sich aber auch nicht einschüchtern lassen. Und ohne emotionale Stabilität geht es auch nicht. Das ist ganz wichtig für Ihren eigenen Erfolg.

In meinem Buch „Training zum Erfolg" habe ich mehr dazu geschrieben und empfehle Ihnen, sich mehr damit zu beschäftigen.

Emotionale Robustheit ermöglicht, auch etwas wegstecken zu können und sich nach einer Niederlage nicht zu lange die Wunden zu lecken.

Sie können auch einen neuen Versuch starten. Neben der emotionalen Stabilität spielen auch Beharrlichkeit und Experimentierfreude eine große Rolle. Beharrlichkeit und Experimentierfreude verhelfen Ihnen sich durchzusetzen. Beharrlichkeit allein hilft in vielen Fällen nicht. Sie haben auch ein neues Vorgehen auszuprobieren. Auf die Kombination Beharrlichkeit und Experimentierfreude kommt es an.

Fester Wille, Eigenmotivation und Selbstbeherrschung

Nur wenn Sie fest entschlossen sind, Ziele zu erreichen, dann werden Sie sich auch behaupten können.

Praxis-Tipp:

Mit dem festen Willen, etwas unbedingt zu erreichen, werden Sie auch nach Niederlagen neue Versuche durchführen, um sich durchzusetzen.

Einen festen Willen zu haben heißt, sich auf Ziele konzentrieren zu können und auch bereit zu sein, Unannehmlichkeiten dafür zu ertragen. Fester Wille und Eigenmotivation gehören eng zusammen. Wie Sie beide erhöhen, habe ich in meinem Buch „Training zum Erfolg" ausführlich beschrieben.

Viele Menschen schaden sich in Ihrer Selbstbehauptung durch Aggressionen und mangelnde Selbstbeherrschung. Solchen Personen gehen in Stresssituationen die Gefühle so durch, dass sie nicht mehr klar denken können. Sie lassen sich in ihrer blinden Wut zu unbedachten Worten und Taten hinreißen. Sie blamieren sich, und anstatt sich durchzusetzen, erreichen sie genau das Gegenteil und schaden sich.

Zur Selbstbeherrschung gehört ebenfalls, sich seine Ängste nicht anmerken zu lassen. Sonst lenken Sie die Aggressionen anderer automatisch auf sich.

Praxis-Tipp:

In Durchsetzungssituationen ist die Kontrolle über die eigenen Gefühle sehr wichtig. Zur Selbstbeherrschung gehört es ebenfalls, manchmal ein „Pokerface" aufzusetzen, damit man aus Ihrer Körpersprache und Worten nicht zu viel entnehmen kann, was Sie denken.

So werden Sie zum Sieger

Sie behaupten sich dann geschickt, wenn Sie sich das Verhalten der Sieger zu Eigen machen.

Wichtig: Sieger kämpfen für ihre Interessen, aber nicht gegen die Mitmenschen.

Wenn es bei dem Spiel Verlierer gibt, dann war das nicht das primäre Ziel des Siegers. Sieger machen auch den Unterlegenen nicht vor Dritten lächerlich oder trampeln nachträglich noch auf ihm herum.

Menschen mit destruktiver Durchsetzungskraft sind davon getrieben, dem Rivalen zu schaden und zu demütigen. Und so schaffen sie sich viele Feinde. Nehmen Sie sich ein Beispiel an den echten Siegern.

Praxis-Tipp:

Kombinieren Sie Durchsetzungskraft mit Nettigkeit, schaffen Sie sich zwar mit Ihren Erfolgen viele Neider, aber wenige Feinde.

Bundespräsident Rau ist ein solcher Siegertyp, der Liebenswürdigkeit und Durchsetzungskraft miteinander vereinbart. Unter seiner weichen Schale verbirgt sich ein harter Kern.

Mitmenschen vermögen sehr gut zwischen negativer und positiver Durchsetzungskraft zu unterscheiden. Menschen mit negativer Durchsetzungskraft werden von Mitmenschen je nach Verhalten als Charakterschwein, Intrigant, Lügner, Betrüger oder mit anderen Namen bezeichnet.

Achtung: Achten Sie bei Ihren Durchsetzungsaktivitäten auf Werte wie Fairness. Wer bösartige oder hinterhältige Durchsetzungskraft (Aggressivität) zeigt, fordert den Widerstand aller Mitmenschen heraus und wird auf Dauer nicht siegen.

Mit positiver Durchsetzungskraft wird man Sie respektieren. Gegner werden sich zwar mit Ihnen messen, aber es werden sich meistens keine Dauerfeindschaften entwickeln.

Checkliste: Erfolgreiche Selbstbehauptung

- Lernen Sie selbstsichere Verhaltensweisen in fünf Schritten.

- Nehmen Sie eine Inventur Ihres selbstsicheren Verhaltens vor.

- Beschreiben Sie jede Problemsituation mit dem Formblatt.

- Verändern Sie Ihr Verhalten, so erhöht das auch Ihr Selbstwertgefühl. Verhaltensänderungen belohnen sich selbst.

- Trainieren Sie sich neue Verhaltensweisen mental ein, bevor Sie diese in die Wirklichkeit umsetzen.

- Die antrainierten Verhaltensweisen werden bald zu Ihren ganz natürlichen Verhaltensweisen.

- Trainieren Sie sich eine Power-Ausstrahlung an.

Das Selbstbehauptungstraining – ein schrittweiser Prozess

noch: Checkliste: Erfolgreiche Selbstbehauptung

- Arbeiten Sie an Ihrer positiven Ausstrahlung. So werden Sie Mitmenschen sympathisch.

- Mit Lächeln gewinnen Sie die Sympathie der Mitmenschen.

- Sie entwickeln eine Power-Ausstrahlung, wenn Sie Mut aufbauen.

- Überlegen Sie vor jeder Durchsetzungssituation, ob der wahrscheinliche Nutzen größer als die wahrscheinlichen Nachteile ist.

- Sehen Sie Durchsetzungssituationen als Spielsituationen an, aus denen Sie lernen.

- Entwickeln Sie Beharrlichkeit und Experimentierfreude.

- Entwickeln Sie einen festen Willen und Selbstbeherrschung.

- Kämpfen Sie für Ihre Ziele und nicht gegen Mitmenschen, so schaffen Sie sich nur wenige Feinde.

Geschickte Kommunikation und Selbstbehauptung

4

Stellen Sie sich geschickt dar?

Um sich geschickt zu behaupten, dürfen Sie Ihr Licht nicht unter den Scheffel stellen. Das ist wichtig für Bewerbungsgespräche, Gehaltsverhandlungen, Beförderungen und selbst in der Partnerschaft spielt dies eine Rolle.

Beispiel:

Ein Bekannter berichtete:

„Mein erste Freundin sagte oft: ‚Die anderen Mädchen sind doch viel hübscher.' Nach sechs Wochen habe ich es geglaubt."

Praxis-Tipp:

Mit positiver Selbstdarstellung stärken Sie Ihr Selbstbewusstsein. Das Image, das Sie von sich selbst schaffen, fällt immer auf Sie selbst zurück. Machen Sie nicht Negativ-, sondern Positivwerbung für sich. Rücken Sie deshalb Ihre Leistungen, Fähigkeiten und Kenntnisse in ein besseres Licht.

Es gibt nicht wenige Menschen, die können Ihre Einzelleistung nicht im Team darstellen. „Man darf kein Angeber sein", spricht die innere Stimme. Oft erinnert auch der Karrierekonkurrent an den Spruch. Eigenwerbung ist jedoch notwendig und auch moralisch berechtigt.

Stellen Sie sich positiv dar. Das bedeutet nicht, die Leistungen anderer schlecht zu machen. Sie lassen dem anderen Ihre Leistungen und schmücken sich nicht damit. Doch Ihre eigenen Leistungen stellen Sie heraus.

Niemand wird befördert, der von sich selbst meint:

- „Ich bin nichts Besonderes."

- „Meine Leistungen sind durchschnittlich."

- „Ich beherrsche nur das, was die anderen auch können."

Solche Menschen werden nie eine Aufstiegschance erhalten, weil sie sich selbst erniedrigen. Erwarten Sie nicht, dass die Mitmenschen ganz automatisch Ihre Leistungen und Fähigkeiten erkennen. Meistens ist das nicht der Fall.

Hier eine Übung, um sich geschickt darzustellen:

Stellen Sie einen Text auf, mit dem Sie Ihre Leistungen, Fähigkeiten und Erfolge in etwa drei Minuten darstellen. Stellen Sie hierzu eine Liste Ihrer Erfolge und Ihrer Stärken zusammen. Bewerten Sie Ihre Aktivitäten positiv. Halten Sie sich selbst einen Vortrag über sich.

Positive Selbstdarstellung	
Meine Stärken	
Meine Erfolge	

Notieren Sie Stichworte und entwickeln Sie danach daraus ganze Sätze. Fragen Sie sich bei dieser Positivanalyse: Wie kann ich meine Stärken noch besser für mich und im Beruf nutzen?

Vermeiden Sie bei der Darstellung häufige Fehler, zu denen viele Menschen tendieren:

- Positive Aussagen werden durch Verneinung ausgedrückt. Zum Beispiel wird gesagt: „Ich war nicht unengagiert bei dem Projekt." Besser wäre: „Ich habe mich besonders für das Projekt eingesetzt. Meine besondere Leistung war ..."

- Positive Aussagen werden durch bestimmte Worte wie „eigentlich", „manchmal", „ein bisschen" abgeschwächt. Zum Beispiel: „Ich habe eigentlich eine gute Prüfung abgelegt." Wieso muss diese Aussage durch das Wort eigentlich eingeschränkt werden? Besser wäre: „Ich habe eine gute Prüfung abgelegt."

- Die eigenen Tätigkeiten und Fähigkeiten werden nur neutral beschrieben. Zum Beispiel: „Ich war drei Jahre im Verkauf tätig." Besser wäre: „Ich habe im Verkauf den Umsatz im ersten Jahr um zehn Prozent gesteigert."

Praxis-Tipp:

- Bei dieser Selbstbehauptungsstrategie geht es nicht darum, wie Sie besser bluffen oder lügen. Ziel ist vielmehr, sich von andressierter Bescheidenheit zu lösen. Stellen Sie Ihre positiven Seiten und Ihre Erfolge dar. Unterstreichen Sie diese Aussagen auch durch eine überzeugende Körpersprache.

- Ihre Drei-Minuten-Werbestrategie hilft Ihnen nicht nur dabei, sich überzeugend darzustellen. Sie verstärkt auch entscheidend Ihr Selbstwertgefühl und Ihr Selbstbewusstsein. Die Sicherheit und Fertigkeit Ihrer Ausstrahlung wachsen.

So verstärken Sie Ihr Auftreten und Ihre Wirkung auf andere, um auch Forderungen überzeugend zu stellen. Damit wollen wir uns im nächsten Abschnitt beschäftigen.

Wünsche und Forderungen überzeugend darlegen

Widmen wir uns hier der Frage, wie Sie Wünsche und Forderungen geschickt ausdrücken, so dass Sie sich erfolgreich behaupten.

Das Vier-Schritte-Vorgehen

1. Beschreiben Sie die Situation oder das Verhalten des anderen, das Sie stört.
2. Drücken Sie aus, wie die Situation oder das Verhalten des anderen auf Sie wirkt.
3. Erläutern Sie Ihre Erwartungen.
4. Zeigen Sie die Folgen auf.

Beschäftigen wir uns nun mit den einzelnen Schritten im Detail:

Schritt 1

Hier ist es erforderlich, das Verhalten des anderen möglichst objektiv und auch präzise zu beschreiben. Vermeiden Sie also Ungenauigkeiten. Unterstellen Sie keine bösen Absichten und spekulieren Sie auch nicht über die Beweggründe Ihres Gegenübers. Es verschärft nur die Situation, wenn Sie Anschuldigungen bringen.

Schritt 2

Beschreiben Sie, wie das Verhalten des anderen auf Sie wirkt. Vermeiden Sie dabei, den Gesprächspartner zu verletzen oder eigenen Gefühlsausbrüchen zum Opfer zu fallen. Denken Sie daran, Ihre Energien auf das Erreichen gemeinsamer Ziele auszurichten, anstatt sich in Hass und Wutgefühlen zu verlieren.

Schritt 3

Bringen Sie Ihre Erwartungen in Form einer Bitte zum Ausdruck, dann ist die Wahrscheinlichkeit am größten, dass sie erfüllt wird. Die Bitte darf natürlich nicht unrealistische Ansprüche stellen. Da Verhaltensänderungen für Ihr Gegenüber immer am schwierigsten sind, sollten mehrere kleine Absprachen über einen längeren Zeitraum zum Ziel führen.

Schritt 4

Die von Ihnen aufgezeigten positiven Folgen sollten die Belohnungen in Aussicht stellen, die es dem anderen erleichtern, Ihren Wünschen nachzukommen. Nun enthalten zum Beispiel vertragliche Vereinbarungen auch die Androhung von Strafen, wenn die Vertragsbedingungen nicht eingehalten werden. Und manchmal werden Sie sich ohne Androhung negativer Konsequenzen nicht behaupten können. Gehen Sie so aber immer erst dann vor, wenn positive Konsequenzen offenbar zu keinem Ergebnis geführt haben.

Beispiel:

Situation: Herr Müller ist eine Führungskraft. Sein Mitarbeiter Klein sagt am Mittwoch der Firma Blau zu, sie erhalte noch bis Freitag die Lieferung Rohre. Klein darf jedoch derartige Zusagen nicht machen, wenn er nicht die Zustimmung des Herrn Müller hat. Da Klein nicht mit seinem Chef gesprochen hat, hat er seine Kompetenzen überschritten.

Hier zunächst das ungeeignete Vorgehen des Chefs

1. Die Beschreibung der Situation.

    Sie geben zu viele Zugeständnisse, die nicht in Ihre Kompetenz fallen."

    Fehler: Das Verhalten des Herrn Klein wird weder objektiv noch konkret beschrieben. Der Ausdruck „zu viele" ist verallgemeinernd. Es müssen sowohl die Zeit als auch die Häufigkeit der Regelverletzungen beschrieben werden.

2. Beschreibung des Verhaltens des Herrn Klein, wie es auf den Chef Müller wirkt.

    „Es macht mich wütend, wenn ich mich mit den Folgen Ihrer Fehler herumärgern muss. Mit Ihnen ist nichts los."

    Fehler: Die Gefühle werden nicht ruhig ausgesprochen. Sie werden auch nicht positiv in Richtung auf das Ziel ausgedrückt. Die Person wird angegriffen.

3. Erwartung erläutern.

    „Ihre Arbeit besteht allein darin, dass Sie Ihren Pflichten nachkommen und sich auf die Ihnen zustehenden Entscheidungen beschränken."

    Fehler: Herr Müller nennt nicht genau, was er haben und was er nicht haben will.

4. „Die Angelegenheiten werden dann besser, wenn Sie Ihre eigene Arbeit erledigen und sich nicht in andere einmischen."

Hier das erfolgreiche Vorgehen des Chefs

1. „Als Sie am vergangenen Mittwoch der Firma Blau die Lieferung der Rohre für Freitag zusagten, haben Sie eine Zusage gegeben, die Ihnen nicht zustand."

2. „Ich bin besorgt und wünsche, dass Sie einsehen, das zu machen, was Ihre Aufgabe ist."

3. „Ich habe eine Zusammenstellung Ihrer Aufgaben und Ihrer Entscheidungsbefugnisse vorgenommen. Gehen wir sie jetzt gemeinsam durch, damit Sie Fragen stellen können. Sehen wir zu, dass wir uns dazu einigen können."

4. „Ich erwarte, dass wir mit dieser Absprache Nachteile für das Unternehmen vermeiden und so eine positive Zusammenarbeit haben."

Beispiel:

Situation: Wenn sich Frau Konrad mit ihrem Mann unterhält, wird sie oft von ihrem Gatten unterbrochen. Das ist ihr sehr unangenehm und sie hat den Eindruck, dass er gar nicht daran interessiert ist, was sie zu sagen hat. Die störende Gewohnheit ihres Mannes wirkt sich bereits negativ auf ihre Beziehung aus.

Hier das Vier-Schritte-Vorgehen

1. Schritt

Beschreibung des Verhaltens des Mannes, das stört:

„Eben hast du mich unterbrochen, bevor ich zum wesentlichen Punkt meiner Ausführungen gekommen bin."

2. Schritt

Darlegen, wie das Verhalten des Mannes wirkt:

„Wenn du dich so verhältst, habe ich den Eindruck, du bist nicht daran interessiert, was ich dir sagen will. Meine Gedanken scheinen für dich keine Bedeutung zu haben. Und ich habe kein Interesse mehr, mit dir zu reden."

3. Schritt

Erwartungen darlegen:

„Ich schlage vor, wenn ich aufhöre zu reden, dann zählst du in Gedanken bis drei. Habe ich in der Zwischenzeit nichts gesagt, dann kannst du reden. Ich selbst werde mich auch an die Regel halten. So kann jeder seine Gedanken äußern, ohne vom anderen unterbrochen zu werden. Wird einer von uns rückfällig, dann kann ihn jeweils der andere an die Absprache erinnern."

4. Schritt

Zeigen Sie die positiven bzw. negativen Folgen auf:

„Halten wir uns beide an diese Regel, dann ist es eine Freude, wenn wir uns so unterhalten." (positiv)

„Wenn die Absprache nicht funktioniert, muss ich dich unterbrechen, damit ich meine Ausführungen beenden kann. Oder ich setze das Gespräch mit dir nicht fort." (negativ)

Das Vier-Schritte-Vorgehen ist ein geschicktes Vorgehen, um sich in den unterschiedlichsten Situationen zu behaupten.

Solche Situationen sind zum Beispiel:

- Bitte um eine Gehaltserhöhung
- Zurückweisung überzogener Forderungen
- Protest gegen Gefühlsausbrüche
- Bitte um Rückgabe eines ausgeliehenen Buches
- Protest gegen unberechtigte Kritik
- Bitte um Beteiligung
- Darlegung einer Reklamation

Im Alltag gibt es viele Situationen, in denen Sie fähig sein müssen, Wünsche zu äußern und Forderungen zu stellen. Tun Sie das nicht, dann haben Sie immer das Nachsehen.

Für die Praxis reicht es nicht aus, wenn Sie allein die Texte für das Vier-Schritte-Vorgehen entwickeln. Sie müssen das Vorgehen auch in die Tat umsetzen. Dazu haben Sie den Text auswendig zu lernen. Dann trainieren Sie nach der Vorstellungsübung in Kapitel 3, Abschnitt 4. So bauen Sie Mut auf, das Vorgehen auch in die Tat umzusetzen.

Praxis-Tipp:

Je häufiger Sie trainieren, umso natürlicher kommt Ihnen Ihr neues Verhalten vor. Einige der hier dargelegten Sätze werden vielleicht für einige Leser nicht natürlich klingen. Das hat zum Teil den Grund, dass diese Sätze kurz und präzise sind. Und eben solche Formulierungen sind für viele Menschen ungewohnt. Dennoch sind kurze Formulierungen sehr wirksam, weil sie selbstsicher wirken. Trennen Sie sich von weitschweifigen Ausführungen. Formulieren Sie kurz und präzise.

Praxis-Tipp:

Weitschweifige Ausführungen mit vielen Worten sind Kennzeichen eines unsicheren Verhaltens. Präzise und kurze Sätze wirken selbstsicherer.

Drücken Sie sich deshalb kurz und präzis aus.

Die „Schallplatte mit Sprung"-Technik

Warum sind Sie gewöhnlich Verlierer in Situationen, wenn Sie Ihre Wünsche und Forderungen äußern? Warum kommen Sie vielleicht bei einer Reklamation nicht zu Ihrem Recht? Außer Ihren vielleicht selbstunsicheren Gedanken, die Sie nach außen ausstrahlen, gibt es noch einen anderen häufigen Fehler: Um Ihr Ziel zu erreichen, dürfen Sie nicht nach dem ersten Nein Ihres Gegenübers resignieren. Geben Sie also nicht zu früh auf. Seien Sie beharrlich.

Seien Sie hartnäckiger als der andere. Ihr Gegenspieler hat oft nur wenige ablehnende Standards auf Vorrat. Sagt der Gegenspieler zum Beispiel dreimal Nein, dann sagen Sie zum vierten Mal: „Ich will mein Recht." Sagt der andere sechsmal Nein, dann sagen Sie eben zum siebenten Mal: „Ich will mein Recht."

Vielleicht sagen Sie: „Das kann ich nicht." Ich kann nicht ignorieren, wenn jemand Nein sagt. Was wollen Sie damit sagen: „Sie können nicht?" Es gibt doch niemand, der Sie mit Gewalt daran hindert. Wenn Sie sagen, Sie können nicht, dann meinen Sie doch, Sie wollen nicht. Sie wollen sich nicht aus der Nettigkeitsfalle befreien. Doch so werden Sie sich nicht behaupten. Darauf wurde schon wiederholt hingewiesen. Sehen Sie die Anwendung der „Schallplatte mit Sprung"-Methode als Spiel an, das Sie so lange spielen, bis Sie Ihr Ziel oder wenigstens einen Kompromiss erreicht haben.

Ihre Gegenspieler werden häufig anfangs Ihre Wünsche bzw. Forderungen aus Eigeninteresse zurückweisen und hoffen, dass Sie dann aufgeben.

Beispiel:

Mein Cousin Norbert und seine Frau hatten ein unangenehmes Erlebnis mit der Lufthansa. Ihre Reisekoffer trafen erst mit Verzögerung auf dem Kreuzfahrtschiff ein. Auf das Beschwerdeschreiben traf lediglich ein Entschuldigungsschreiben der Fluggesellschaft ein. Als mein Cousin sich damit nicht begnügte und ein zweites Beschwerdeschreiben schrieb, kam man ihm etwas entgegen und reagierte mit „miles and more"-Vergütung.

Praxis-Tipp:

Mit der „Schallplatte mit Sprung"-Methode lernen Sie beharrlich zu sein und immer wieder Ihre Wünsche und Forderungen zu äußern, bis Sie Ihr Ziel oder einen akzeptablen Kompromiss erreicht haben.

Das folgende Beispiel soll die Technik verdeutlichen.

Beispiel:

Frau Kunz hat sich eine teure Ledermappe gekauft. Bereits nach wenigen Tagen trennt sich eine Naht auf. Sie geht in das Geschäft, um die Ledermappe gegen eine andere umzutauschen oder um ihr Geld erstattet zu bekommen.

Frau Kunz: „Ich habe vor zehn Tagen diese Ledermappe bei Ihnen gekauft. Bereits nach kurzer Zeit trennt sich die Naht auf. Ich will die Mappe gegen eine neue umtauschen oder mein Geld zurück."

Verkäuferin (an der Kasse): „Sie sind die Erste, die mit einer solchen Beschwerde kommt. Bei dieser Ledermappe haben wir noch nie Reklamationen erhalten. Was haben Sie denn mit der Mappe getan?" (Die Dame an der Kasse bringt zum Ausdruck, dass es offenbar die Schuld von Frau Kunz ist, wenn sich die Naht auftrennt.)

Frau Kunz: „Nun, dann bin ich eben die Erste mit einer solchen Beschwerde. Ich will die Mappe umtauschen oder mein Geld zurück." (Schallplatte mit Sprung)

Verkäuferin: „Das ist nicht möglich. Wir müssen die Mappe an den Hersteller zurückschicken." (Ausweichen vor der Verantwortung)

Frau Kunz: „Der Hersteller geht mich nichts an. Ich habe die Mappe bei Ihnen gekauft. Ich will eine neue Mappe oder mein Geld zurück." (Schallplatte mit Sprung)

Verkäuferin: „Das darf ich nicht tun. Das muss die Abteilungsleiterin entscheiden."

Frau Kunz: „Rufen Sie bitte die Abteilungsleiterin."

Verkäuferin: „Sie müssen nach hinten gehen und mit der Abteilungsleiterin sprechen." (Ausweichen vor der Verantwortung)

Frau Kunz: „Wie heißt sie?"

Verkäuferin: „Frau Benz."

Frau Kunz: „Rufen Sie sie bitte her."

Verkäuferin: „Gehen Sie doch nach hinten. Sie werden sie schon finden."

Frau Kunz: „Ich kann dort niemand sehen. Rufen Sie sie bitte her." (Schallplatte mit Sprung)

Verkäuferin: „Gehen Sie nach hinten, sie wird bald kommen." (Ausweichen vor der Verantwortung)

Frau Kunz: „Ich habe nicht die Absicht, nach hinten zu gehen und dort lange zu warten. Rufen Sie sie bitte her." (Schallplatte mit Sprung)

Verkäuferin: „Ich habe hier noch andere Kunden zu bedienen, die schon ungeduldig warten (Einreden von Schuldgefühl, da die anderen Kunden warten müssen)

Frau Kunz: „Ich will auch bedient werden. Bitte holen Sie die Abteilungsleiterin her."

Die Verkäuferin telefoniert und sagt dann: „Die Abteilungsleiterin wird gleich hier sein."

Nach etwa drei Minuten erscheint die Abteilungsleiterin Frau Benz.

Frau Kunz: „Ich habe vor zehn Tagen diese Ledermappe in Ihrem Geschäft gekauft. Wie Sie hier sehen, trennt sich die

Naht auf. Ich will die Mappe gegen eine neue umtauschen oder mein Geld zurück." (Schallplatte mit Sprung)

Frau Benz: „Wir schicken die Mappe an den Hersteller und dann haben Sie diese nach zwei Wochen repariert zurück." (Ausweichen vor der Verantwortung)

Frau Kunz: „Ich will die Mappe gegen eine neue umtauschen oder mein Geld zurück." (Schallplatte mit Sprung)

Frau Benz: „Das geht nicht." (Ausweichen vor der Verantwortung)

Frau Kunz: „Dann will ich den Geschäftsführer sprechen. Rufen Sie ihn bitte her."

Frau Benz: „Der Geschäftsführer ist sehr beschäftigt. Kommen Sie übermorgen." (Einreden von Schuldgefühlen, der Geschäftsführer darf nicht mit solchen Kleinigkeiten behelligt werden)

Frau Kunz: „Ich habe auch sehr viel zu erledigen. Bitte rufen Sie den Geschäftsführer." (Schallplatte mit Sprung)

Nach einigen Sekunden sagt Frau Benz: „Ich werde selbst mit dem Geschäftsführer sprechen." Frau Benz verlässt den Raum und ist nach etwa fünf Minuten wieder zurück.

Frau Benz: „Der Geschäftsführer bedauert den Vorfall. Hier haben Sie eine neue und einwandfreie Ledermappe. Für den Ärger, den Sie damit hatten, gebe ich Ihnen als kleine Entschädigung einen Schreibblock."

Frau Kunz: „Vielen Dank."

Das Beispiel zeigt, wie sich Frau Kunz behaupten konnte. Frau Kunz zögerte auch nicht, andere Personen wie die Abteilungsleiterin und den Geschäftsführer heranzuziehen, wenn es die Situation erforderte.

Praxis-Tipp:

Mit der Methode „Schallplatte mit Sprung" machen Sie der Person, der Sie sich gegenüber behaupten wollen, deutlich: Ich lasse mich nicht abwimmeln. Ich mache so weiter, selbst wenn es den ganzen Tag dauert.

Nun sollte man meinen, die stereotype Wiederholung einer Aussage fällt allen Menschen leicht. Viele Menschen jedoch fühlen sich sehr unbehaglich, wenn sie nicht auf die Fragen oder das eingehen, was die Gegenseite sagt. Sie nehmen Stellung zu dem, was die Gegenseite sagt, anstatt das zu äußern, was sie selbst wollen. Hier zeigt sich dann auch im Sprachverhalten die Neigung, es allen recht machen zu wollen.

Praxis-Tipp:

Sie müssen nicht auf eine Frage Ihres Gegenübers eingehen. Sie stehen in keiner vertraglichen Bindung dazu, jede Frage zu beantworten. Wenden Sie stattdessen die „Schallplatte mit Sprung"-Technik an.

Mindestens einer meiner Seminarteilnehmer stellt mir im Zusammenhang mit dieser Selbstbehauptungstechnik die Frage: Ist eine solche Gesprächstechnik nicht asozial und menschenfeindlich? Schließlich kann ich ja damit Menschen auch manipulieren.

Die Antwort ist ganz einfach: Wenn Sie die Technik des Autofahrens beherrschen, dann können Sie die Technik nutzen, um schnell von Ort A nach Ort B zu kommen. Sie können die Technik aber auch anwenden, um einen Einbruch zu organisieren oder sogar um damit einen Menschen zu töten, indem Sie ihn gezielt überfahren.

Jede Technik ist weder sozial noch asozial. Sie können die „Schallplatte mit Sprung"-Methode dazu nutzen, zu manipulieren oder zu Ihrem Recht zu gelangen. Das hängt ganz von Ihnen ab.

Manchmal stellen wiederum andere Seminarteilnehmer die Frage: Was soll ich tun, wenn ich mit der Selbstbehauptungstechnik keinen Erfolg habe? Wenden Sie diese Technik an, dann haben Sie dabei immer ein gutes Gefühl, selbst wenn Sie mit der Taktik nicht zum Erfolg gelangen. So steigern Sie Ihre Selbstachtung. Und dies ist ein wichtiges Ziel im Rahmen Ihrer Selbstbehauptung. Wenn es Ihre Selbstachtung nicht herabsetzt, können Sie der Gegenseite auch einen Kompromiss vorschlagen. Haben Sie ein gutes Gefühl über sich selbst, dann wächst Ihre Fähigkeit zur positiven Konfliktbewältigung.

Ein Beispiel für meine eigene Erfahrung mit der Beharrlichkeit

Die Anwendung der „Schallplatte mit Sprung"-Methode kann manchmal wesentlich aufwendiger sein als im letzten Beispiel. Das ist vor allem dann der Fall, wenn es um größere Dinge geht oder ein beachtlicher Geldbetrag auf dem Spiel steht. Hier ein Beispiel aus meinen eigenen Erfahrungen beim Hausbau.

Beispiel:

Etwa nach einem Jahr nach Erstellung traten an der Fassade meines Neubaus Schmutzflecken auf. Der Architekt wollte für den Schaden nicht haften. Er vertrat die Ansicht, er habe keinen Fehler gemacht. Bevor ich zu meinem Recht kam, waren folgende Schritte nötig:

- Ich beschäftigte mich mit Bauvorschriften und wies dem Architekten nach, dass er zwingende Vorschriften nicht beachtet hat – Resultat: kein Erfolg.

- Es musste ein Beweissicherungsverfahren über ein Gericht eingeleitet werden. Den Text dafür aufzustellen ist nicht einfach, denn man muss schon vorher wissen, welche Fehler genau gemacht wurden.

Der vom Gericht bestellte vereidigte Gutachter stellte fest, dass Architekt und Handwerker nicht fachmännisch vorgegangen waren, und legte die Höhe des Schadens fest.

- Weder der Architekt noch seine Versicherung zahlten den Schaden.

- Ich wandte mich an die Architektenkammer, die Standesorganisation der Architekten. Da ich in der Sache der Architektenkammer wunschgemäß nicht noch einen Auftrag gegen Bezahlung geben wollte, überließ ich alles einem sehr guten Anwalt.

- Über den Anwalt wurde dem Architekten mit Klage gedroht – wieder kein Erfolg.

- Die Klage wurde eingereicht. Ebenfalls kein Echo der anderen Seite.

- Das Gericht setzte einen Termin fest. Die Gegenseite erschien nicht.

- Das Gericht erließ ein Urteil und legte darin die Schadenshöhe fest, die der Gutachter ermittelt hatte. Das Urteil war vollstreckbar. Der Architekt zahlte.

Sie sehen an dem Beispiel, wie viele Nein man mir entgegensetzte und wie ich am Schluss doch zu meinem Recht kam.

Die Geschichte hat aber auch noch einen anderen Aspekt. Sie sehen, wie die Gegenseite, der Architekt bzw. seine Versicherung, selbst dann noch beharrlich in ihrer Ablehnung blieben, als die Sache für sie bereits verloren war. Bei der großen Zahl von Regressforderungen zahlt sich ein solches Vorgehen offenbar für die Versicherung aus. Selbst wenn wie in meinem Fall durch die Hartnäckigkeit mehr Kosten im Einzelfall anfallen, bleibt in der großen Zahl der Fälle doch noch ein Gewinn übrig.

Und was Sie betrifft, werden Sie irgendwann einmal mit solchen Situationen konfrontiert, in denen Sie mehr als das normale Maß an Widerstand und Hartnäckigkeit zeigen müssen, kämpfen Sie dann für Ihr Recht.

> **Praxis-Tipp:**
>
> Nur mit Beharrlichkeit werden Sie sich durchsetzen. Wenn Sie alles als Spiel ansehen, dann fällt es Ihnen leichter. Verfahren Sie so, dann bewirkt das nicht nur, dass Sie andere mehr respektieren. Sie werden sich auch wohler, stärker und souveräner fühlen.

Was können Sie tun, um möglichst nicht in derartig aufreibende Situationen zu geraten? Es ist ganz einfach: Sie beschaffen sich über Ihre Partner Informationen, bevor Sie sich mit ihnen einlassen. Und so vermeiden Sie vielen Ärger. Wie Sie sich geschickt Informationen beschaffen, wird Thema in Kapitel 6, Abschnitt 1 bis 3 sein. Am Aufwand, um die erforderlichen Informationen einzuholen, kommen Sie allerdings nicht vorbei.

Geschickt „Nein" sagen

Sind Sie zornig auf sich, weil Sie wieder einmal Ja gesagt haben, obwohl Sie Nein sagen wollten? Sind Sie der Meinung, die anderen nutzen Ihre Hilfsbereitschaft aus? Wissen Sie schon gar nicht mehr, woher Sie die Zeit nehmen sollen, alle Ihre Arbeiten zu erledigen?

Beantworten Sie nur eine oder sogar zwei Fragen mit einem Ja, dann gelingt es Ihnen nicht, Nein zu sagen.

Hier die Gründe, warum das Neinsagen schwer fällt:

Fünf Gründe, warum das Neinsagen schwer fällt

- Sie befürchten, dass der andere sauer auf Ihre Ablehnung reagiert.

- Sie befürchten, nicht als hilfsbereit zu gelten.

- Sie haben Angst, dass der Bittsteller zornig wird und Sie angreift.

- Sie befürchten, dass man Ihnen selbst nicht hilft, wenn Sie Hilfe brauchen.

- Sie befürchten bei kleinen Meinungsverschiedenheiten schon größere Beziehungskatastrophen.

Wie schaffen Sie es nun „Nein" zu sagen?

Der Mut zum Nein erfordert verschiedene Voraussetzungen.

- Sie benötigen eigene Ziele: Sie haben zu wissen, was für Sie im Leben wichtig ist. Erst dann können Sie entscheiden, ob Sie etwas wollen oder nicht.

  Nicht wenige Menschen geraten in einen Zielkonflikt. Sie wissen zwar, was sie wollen. Auf der anderen Seite möchten sie von den anderen gemocht werden. Der Wunsch nach Harmonie steht ihrer Sehnsucht nach Glück entgegen. Formulieren Sie Ihre eigenen Ziele. Haben Sie Verständnis dafür, dass andere Menschen andere Ziele haben. Geben Sie jedoch Ihre eigenen Ziele nicht auf, wenn es Differenzen gibt. Setzen Sie sich also ein Tagesziel und wehren Sie alles ab, was Sie davon abbringen will.

- Selbstbewusstsein ist erforderlich: Dazu gehört zu wissen, Sie haben das Recht, Nein zu sagen. Erbittet oder fordert jemand etwas von Ihnen, so müssen Sie dem nicht folgen.

- Sie benötigen emotionale Stabilität und Unabhängigkeit. Auf diese wichtige Sache kann nicht oft genug hingewiesen werden. Sie dürfen nicht in emotionale Schwierigkeiten geraten, wenn Sie anderen nicht mehr zu Willen sind.

So sagen Sie geschickt Nein

- Zeigen Sie Verständnis für die Bitte des anderen. Bringen Sie dem Mitmenschen zum Ausdruck, dass Sie Verständnis für seine Interessen haben, sie aber in diesem Fall nicht erfüllen können. Es hilft in dieser Situation, wenn Sie Ihrem Gegenüber kurz erläutern, warum Sie seinem Wunsch nicht nachkommen können.

- Lächeln Sie. Sie machen es Ihrem Gegenüber leichter, mit Ihrer Ablehnung umzugehen, wenn Sie ihn nicht mit einer harten und undurchdringlichen Miene abblitzen lassen. Sie erreichen damit auch noch etwas anderes: Lächeln Sie, dann gelingt es Ihnen auch leichter, den richtigen Ton zu finden. Gehen Sie so vor, dann schaffen Sie eine positive Gesprächssituation. Selbst wenn Sie so die Bitte des anderen ablehnen, verliert er mit Ihrer Ablehnung nicht das Gesicht. Der Bittsteller fühlt sich ernst genommen.

Hier ein Beispiel für die freundliche Ablehnung einer berechtigten Bitte.

Beispiel:

Situation: Ein Kollege spricht Sie an und bittet Sie, ihm bei einer komplizierten Berechnung zu helfen. Da er diese Aufgabe so noch nicht durchgeführt hat, fühlt er sich unsicher.

Sie bereiten ein wichtiges Kundengespräch vor, das Sie morgen zu führen haben. Es steht sehr viel auf dem Spiel und Sie haben den Wettbewerber auszustechen. Sie benötigen den ganzen Tag, da Sie mehrere Unterlagen fertig zu stellen haben.

Die freundliche Ablehnung verläuft dann nach folgendem Muster:

- Verständnis für die Interessen des anderen zeigen: „Karl, ich verstehe, dass du bei diesen Berechnungen unsicher bist und mich um Hilfe bittest."

- Das eigene Interesse erläutern: „Ich habe morgen einen wichtigen Termin bei dem Kunden Heinze. Der Auftrag ist für unser Unternehmen sehr wichtig und darf nicht an die Konkurrenz gehen."

- Begründung der Ablehnung: „Da ich dafür noch alle Unterlagen zusammenstellen und aufwendige Berechnungen erstellen muss, kann ich dir heute leider nicht helfen."

Beschäftigen wir uns jetzt mit der Ablehnung von unberechtigten Forderungen.

Sie haben es schon oft erfahren: Es gibt Zeitgenossen, die Ihre Gutmütigkeit ausnutzen. Wenn Sie ihnen nicht die nötige Rückmeldung geben, werden Sie immer wieder ausgenutzt.

Vorgehen bei unberechtigten Forderungen

- Sie geben dem anderen eine Rückmeldung, welche Gefühle seine Forderung auslöst und weshalb.

- Sie stellen Ihr eigenes Interesse dar. Sie bringen zum Ausdruck, welche Folgen für Sie entstehen, wenn Sie auf die Bitte eingehen.

- Sie beenden das Gespräch mit der Bitte, dass der andere sein Verhalten zu ändern hat.

Beispiel:

Gerlinde Klotz arbeitet ein sehr kompliziertes Angebot aus. Da platzt ihre Kollegin Gerda Kegel herein und bittet sie, ihr bei einer Kundenanalyse zu helfen. Gerlinde Klotz hat ihrer Kollegin schon oft geholfen und sich jedes Mal darüber geärgert, dass Frau Kegel auf den letzten Drücker kommt und um Hilfe bittet. Gestern hätte Gerlinde Klotz Zeit für Unterstützung gehabt, doch da hatte sich Gerda Kegel für den Nachmittag frei genommen.

■ Positiver Beginn: „Ich kann gut verstehen, dass du Hilfe haben willst."

■ Feedback Ihrer Gefühle: „Ich bin verärgert über dein Verhalten. Immer kommst du auf die letzte Minute und willst, dass ich dir helfe."

■ Eigene Interessen erläutern: „Heute arbeite ich selbst an einem schwierigen und wichtigen Angebot."

■ Bitte um Verhaltensänderung: „Frage mich in Zukunft einen Tag vorher. Dann sage ich dir, ob ich Zeit habe oder nicht. Dann kannst du noch rechtzeitig eine andere Person um Hilfe bitten."

Sehen Sie an dem Beispiel, wie das Gespräch geführt werden kann. Wichtig hierbei ist, nicht emotional auszurasten und bei der Ablehnung freundlich zu bleiben.

Hüten Sie sich vor dem Fehler, Ihren Ärger in sich reinzufressen und dem anderen doch zu helfen.

Vielleicht tendieren Sie dazu, sich überfahren zu lassen. Oder Sie wissen noch nicht genau, ob Sie zu einer Bitte Ja oder Nein sagen wollen. Vielleicht wollen Sie auch eine Bedingung an Ihre Zusage knüpfen. Haben Sie dann keine Hemmungen, Ihrem Gegenüber zu sagen, dass Sie es sich überlegen wollen. Ihre Überlegenszeit kann Minuten, Stunden oder sogar Tage betragen.

Obwohl die Texte dieser Beispiele sehr sanft sind, haben dennoch einige Menschen damit erhebliche Probleme. Grund dafür sind Angstvorstellungen wie zum Beispiel:

1. Helfe ich den Kollegen nicht immer, dann helfen sie mir auch nicht mehr.

2. Sage ich Nein, dann gelte ich als überheblich.

Machen Sie sich mit entsprechenden positiven Gedanken Mut und löschen Sie so die negativen Programme. Hier die positiven Vorstellungen, um die negativen zu löschen:

- Zu Vorstellung 1: Da ich meinen Kollegen gelegentlich helfe, gewinne ich Respekt, wenn ich zu einer Bitte einmal Nein sage. So bleiben die Beziehungen zu Kollegen positiv.

- Zu Vorstellung 2: Man schätzt mich, weil ich flexibel und selbstbewusst bin.

Um was für einen Angstmacher es sich auch in Ihrem Falle handelt, formulieren Sie in der Art dieser beiden Beispiele positive Aussagen, mit denen Sie Ihre Negativspeicherungen löschen. Sie können sich den für Sie zutreffenden Satz auch auf ein Stück Papier schreiben und zum Beispiel in die Brieftasche legen. Entscheidend ist allein, diese Sätze am Tag auch mehrfach zu lesen.

Was tun Sie, wenn Ihr Nein nicht konfliktlos hingenommen wird?

Manchmal werden Sie mit Ihrem Nein nicht ernst genommen. Der andere diskutiert dann mit Ihnen so lange und ausdauernd, bis Sie das bereits ausgesprochene Nein wieder zurücknehmen, um endlich Ruhe zu haben. Sie vermeiden diesen Fehler, wenn Sie auch in diesem Fall die „Schallplatte mit Sprung"-Technik anwenden.

Beispiel:

Situation: Sie haben zwei schulpflichtige Kinder. An der Wohnungstür klingelt eine Dame, die ihnen eine mehrbändige Enzyklopädie für Ihre Kinder verkaufen will. Sie wollen aber nicht kaufen.

- Unsichere Gedanken: Die Dame hat es schwer. Sie muss für ihren Lebensunterhalt sorgen. Es wird ihr sehr nahe gehen, wenn ich ihr nichts abkaufe.

- Selbstsichere Gedanken: Weder ich noch meine Kinder benötigen die Enzyklopädie. Kaufe ich der Dame die Bände ab, dann ist sie zwar zufrieden, doch auf meine Kosten. Deshalb bleibe ich konsequent hart.

Hier das Gespräch:

Dame: „Sicher wollen Sie, dass es Ihren Kindern einmal gut geht. Das Ziel erreichen sie, wenn sie schnell lernen."

Sie: „Ich verstehe, aber ich bin nicht interessiert."

Dame: „Ihre Frau wird bestimmt auch meiner Ansicht sein."

Sie: „Ich verstehe, ich bin nicht interessiert."

Dame: „Warum wollen Sie nicht das Beste für Ihre Kinder?"

Sie: „Ich verstehe, ich bin nicht interessiert."

Dame: „Wie alt sind denn Ihre Kinder?"

Sie: „Ich verstehe, ich bin nicht interessiert."

Dame: „Sie verstehen nicht, denn sonst würden Sie die Bücher kaufen."

Sie: „Ich verstehe, ich bin nicht interessiert."

Dame: „Darf ich wenigstens in Ihre Wohnung kommen. Dann können wir uns besser unterhalten."

Sie: „Ich verstehe, ich bin nicht interessiert."

Dame: „Warum beantworten Sie keine meiner Fragen?"

Sie: „Ich verstehe, ich bin nicht interessiert."

Dame: „Wenn Sie mit mir nicht reden wollen, hat alles ja sowieso keinen Sinn?"

Sie: „Ich verstehe, ich bin nicht interessiert."

Dame: „Haben Ihre Nachbarn Kinder?"

Sie: „Ich verstehe, ich bin nicht interessiert."

Dame: „Dann gehe ich eben."

Wenden Sie die Methode „Schallplatte mit Sprung" an, geraten Sie nicht in Gefahr, Ihr Nein aufweichen zu lassen. So trainieren Sie auch, auf jede Frage nicht immer eine Antwort zu geben. Sie vermeiden auch, auf die Aussagen Ihres Gegenübers selbst Aussagen zu bringen, auf die der andere dann wieder eingeht.

Praxis-Tipp:

Sie brauchen für ein Nein keine Begründung.

Zugegeben, dieser Ratschlag wird manchem Leser nicht gefallen. Ein Nein ohne Begründung ist immer dann zu geben, wenn Ihr Gegenüber sehr fordernd ist und Ihr Nein aufweichen wird.

Hier noch einige Hinweise, überzeugend Nein zu sagen, wenn Sie sehr bedrängt werden:

So sagen Sie glaubhaft Nein, wenn Ihr Gegenüber sehr fordernd ist

- Sprechen Sie das Nein mit sicherer und normaler Stimme aus. Halten Sie Blickkontakt: Sagen Sie das Nein mit normaler Stimme so, wie Sie jemand die Uhrzeit sagen, wirken Sie nicht aggressiv. Weichen Sie dem Blick des anderen aus und schauen Sie ihn nicht an, dann signalisieren Sie Schwäche.

- Verzichten Sie auf Entschuldigungen: Sie brauchen sich nicht zu entschuldigen, denn Sie haben das Recht, auf eine Bitte hin Nein zu sagen.

- Vermeiden Sie verschwommene Formulierungen: Vermeiden Sie solche Formulierungen wie „Das kommt mir gar nicht gelegen", oder „Ich weiß nicht genau". So provozieren Sie lange Diskussionen.

- Seien Sie vorsichtig mit Begründungen: Im vorangegangenen Abschnitt wurde Ihnen zur geschickten Selbstbehauptung empfohlen, eine kurze Begründung zu geben. Ist der andere aber sehr darauf aus, Ihr Nein zu erschüttern, so führt das sehr schnell zu langen Diskussionen. Und wenn dann Ihr Gegenüber rhetorisch geschickter als Sie ist, schaffen Sie sich selbst ein Problem. In solchen Fällen ist ein klares und einfaches Nein die geschickteste Antwort.

- Versuchen Sie nicht, für Ihr Nein Zustimmung zu erreichen: Sagen Sie jemandem ein Nein, so muss er damit nicht einverstanden sein. Er muss es nur hören. Je mehr Sie Ihr Nein begründen und erläutern, desto mehr zeigen Sie, wie Sie innerlich abhängig von seiner guten Meinung über Sie sind.

- Stellen Sie sich wegen Ihres Nein nicht schlecht hin: Wenn Sie zum Beispiel sagen: „Ich weiß, dass ich jetzt hart bin", demonstrieren Sie deutlich, wie wenig selbstbewusst Sie zu Ihrem Nein stehen. Machen Sie keine Aussage zu Ihrem Charakter, nur weil Sie dem anderen keine Bitte erfüllen.

Was tun Sie, wenn Ihr Nein nicht konfliktlos hingenommen wird?

Trotz Ihres Nein wird man oft versuchen, Ihr Nein in ein Ja zu verwandeln. Hier die häufigsten Manipulationstechniken:

Manipulationstechniken gegen Ihr Nein

- Schmeicheln: Geschmeichelt wird mit Bemerkungen wie: „Niemand erledigt die Arbeit so gut wie Sie." „Nur Sie können das." „Wir sind in diesem Fall auf eine Spitzenleistung angewiesen, das schaffen nur Sie."

- Appell an Mitleid: Formulierungen, die an das Mitleid appellieren, sind zum Beispiel: „Bitte lass uns nicht im Stich." oder „Inge schafft es nicht, sie ist schon mit den Nerven fertig."

- Appell an Teamgeist: Appelle an den Teamgeist sind zum Beispiel: „Kollege Meier schafft die Arbeit nicht mehr." oder „Unser Team schafft das gesetzte Ziel nicht mehr."

- Appell an Verantwortungsbewusstsein: Ein Appell an das Verantwortungsbewusstsein ist zum Beispiel: „Wollen Sie, dass die Arbeit wegen Ihnen scheitert?" Ebenso: „Wollen Sie dafür verantwortlich sein, wenn sich für die Abteilung Schwierigkeiten ergeben?"

- Moralische Abwertung und Diffamierung: Moralische Abwertungen und Diffamierungen sind zum Beispiel: „Sie scheinen ja gar kein Mitgefühl zu haben." oder „Sie sind ein großer Egoist."

- Drohungen: Gedroht wird zum Beispiel mit Bemerkungen wie „Da werde ich mich Ihnen gegenüber beim nächsten Mal auch anders verhalten" oder „Da werde ich mich später auch revanchieren".

Eine Geschichte, die nachdenklich stimmt

Bei dieser Geschichte handelt es sich um eine wahre Begebenheit. Die Geschichte liegt zwar Jahre zurück. Sie ereignet sich in der Kernaussage auch heute viele, viele Male.

Ich hatte einen angeheirateten Onkel. Er war der Mann der Schwester meines Vaters. Onkel Emil war einer der liebenswürdigsten Menschen, die ich kannte. Er war bei der Eisenbahn in der Verwaltung beschäftigt. Sein Ziel war es, noch vor seiner Pensionierung zum Inspektor befördert zu werden, um im Alter mehr Geld zum Leben zu haben. Dieses Ziel hatten außer ihm noch einige Kolleginnen und Kollegen, die in derselben Abteilung waren.

Onkel Emil wollte es seinem Chef und allen Mitarbeiterinnen und Mitarbeitern immer recht machen. So wurden sein Arbeitsvolumen und die Zahl seiner Überstunden immer größer. Nie sagte er auf geschickte Art Nein, z. B.: „Welche Arbeit soll ich zurückstellen, wenn ich diese noch erledige?" Eine andere Möglichkeit wäre gewesen, in Grenzen Arbeitsbereitschaft zu signalisieren, z. B.: „Diese Arbeit schaffe ich gerade noch. Doch damit bin ich für die nächsten Wochen bis über den Kopf eingedeckt." All das tat er nicht. Er erinnerte den Chef auch kein einziges Mal daran, dass er aufgrund seiner Arbeit nun wirklich der Mitarbeiter wäre, der als nächster seine Beförderung erhalten hätte. Onkel Emil hoffte auf die Gerechtigkeit seines Vorgesetzten.

Was machten dagegen seine Kollegen? Sie spielten sich mit ihrer eher durchschnittlichen Leistung gewaltig auf. Sie stellten dem Chef in Aussicht, sie würden ihr Arbeitspensum einschränken, wenn sie nicht die oder der nächste bei der Beförderung seien.

Was meinen Sie, wie sich der Chef verhalten hat? Wenn Sie der Ansicht sind, mein Onkel hätte die Beförderung erhalten, dann beurteilen Sie die Situation nicht wirklichkeitsgerecht. Hat ein

Chef einen Mitarbeiter, von dem er weiß, er lässt bei einer Nichtbeförderung in seinem Arbeitspensum nicht nach, dann wird er ihn gewiss als letzten befördern. Schließlich fürchtet er die Drohungen der anderen Mitarbeiter und vom Willfährigen hat er nichts zu befürchten. Und genau so kam es auch. Mein Onkel wurde als Letzter befördert.

Doch eine andere Realität hatte ihn einen Tag zuvor in Österreich eingeholt: Dort war er nämlich an Herzinfarkt verstorben. Und so erhielt seine Witwe nicht die höhere Witwenpension. Staat und Behörden sind hierin sehr „konsequent".

Natürlich war ich bei der Beerdigung meines Onkels dabei. Sein Chef äußerte bei der Grabrede den Satz: „Unser Kollege wird uns immer ein mahnendes Beispiel sein, uns für die Eisenbahn nicht zu Tode zu arbeiten." Zum Erkennen seines eigenen Beitrags am Tod meines Onkels war oder wollte er nicht fähig sein. Der Chef sah im Ableben meines Onkels sogar noch eine Rechtfertigung für sein eigenes Verhalten.

Der Pfarrer setzte dem Ganzen noch die Krone auf. Er sprach: „Jetzt fährt seine Seele gen Himmel, um dort zu jubilieren." So wurde Onkel Emil nun auch noch über seinen Tod hinaus verplant. Ich hatte bei den Worten des Pfarrers meine ganze Kraft aufzubieten, um ein schallendes Gelächter zu unterdrücken. Mein Onkel hatte nämlich eine Lieblingsschallplatte vom Dienstmann Aloysius. Wenn Sie die Platte kennen, dann wissen Sie, dass Aloysius auch in den Himmel kam und dort zu jubilieren hatte. Da Aloysius im Himmel kein Bier bekam und nur zu jubilieren hatte, wollte er ein derartiges Paradies schleunigst wieder verlassen.

Zugegeben: Jeder Mensch muss sich anstrengen, um erfolgreich zu sein. Wollen Sie sich aber auch so ausnehmen lassen wie mein Onkel? Wollen Sie zum Opfer jener Manipulatoren werden, die Ihnen vielleicht moralische Verpflichtungen einreden wollen, damit Sie ein umso willfährigeres Opfer werden? Tatsache ist:

„Wer sich nicht selbst liebt, kann auch die Mitmenschen nicht lieben." So steht auch in der Bibel: „Liebe den Nächsten wie dich selbst."

Arbeiten Sie an sich nach den Techniken dieses Buches. Als Kind wollten Sie die Zuneigung der Eltern erhalten und waren so ungeschützt aller Beeinflussung ausgesetzt. Sie können den Eltern keine Schuld zuweisen, weil diese es als Kind auch so erlebten und ihnen auch nicht die Folgen ihres Verhaltens bewusst waren.

Praxis-Tipp:

Tun Sie das, was Sie heute tun können: Sie können ein Leben mit mehr Wohlbefinden und innerer Freiheit führen. Ändern Sie Ihre Verhaltensweisen und bleiben Sie konsequent dabei.

Nutzen Sie also Ihre Energien, sich zu ändern, anstatt sich über die Ungerechtigkeit der Welt und der Mitmenschen zu beklagen. Seien Sie keine Taube, sondern ein Falke. Sagen Sie sich: „Ich schöpfe meine Möglichkeiten aus. Ich schaffe, was ich mir vorgenommen habe." Und so ändert sich Ihr Leben Schritt für Schritt. Und handeln Sie danach. Ihr Selbstwertgefühl und Ihr Selbstbewusstsein wachsen. Probieren Sie es aus und Sie bestätigen es.

Checkliste: Geschickte Kommunikation

- Machen Sie Werbung für sich und stellen Sie Ihre Erfolge und Stärken geschickt dar.

- Bringen Sie Wünsche und Forderungen überzeugend mit dem Vier-Schritte-Vorgehen zum Ausdruck.

- Resignieren Sie nicht nach dem ersten Nein Ihres Gegenübers. Wenden Sie die Technik der „Schallplatte mit Sprung" an.

- Bei einer freundlichen Ablehnung einer Bitte zeigen Sie Verständnis für die Interessen des anderen, erläutern das eigene Interesse und begründen die Ablehnung.

- Bei unberechtigten Forderungen geben Sie Ihrem Gegenüber eine Rückmeldung über Ihre Gefühle. Sie stellen Ihre eigenen Interessen dar und bitten den anderen, sein Verhalten zu ändern.

- Es ist nicht erforderlich, Ihr Nein auf eine sehr bedrängende Bitte zu begründen. Sie haben das Recht, einfach Nein zu sagen.

- Hüten Sie sich, ein Opfer der Manipulationstechniken gegen Ihr Nein zu werden. Solche Techniken sind Schmeicheln, Appelle an Mitleid, Teamgeist und Verantwortungsbewusstsein, moralische Abwertung, Diffamierung und Drohungen.

- Sie können ein Leben mit mehr Wohlbefinden und innerer Freiheit führen. Sie haben nur Ihre Verhaltensweisen zu ändern.

Umgang mit Kritik und geschickt kritisieren

5

Warum viele Menschen mit Kritik schlecht umgehen können

Frau Doris Köpfle sagt: „Es ist mir mehr als unbehaglich, wenn Kolleginnen oder gar der Chef meine Arbeit kritisieren". Andere Personen wiederum wehren sich gegen eine Kritik mit einem Angriff oder schieben die Schuld auf einen anderen. Manche zeigen sich beleidigt, schmollen und denken darüber nach, wie sie es dem anderen heimzahlen. Bei vielen Menschen führt bereits die Ankündigung des Chefs „Wir müssen uns einmal über die Sache der … unterhalten" zu Negativgefühlen bis zu Panikreaktionen. Was ist eigentlich der Grund, dass eine Kritik bei vielen Menschen großes Unbehagen und Angst auslöst?

Die Antwort auf diese Frage liegt in unserer Kindheit. Dort wird dem Kind das Gefühl vermittelt, nur so viel wert zu sein, wie es leistet. Das wird zwar nicht direkt gesagt, doch die Handlungen vieler Eltern vermitteln dies. Da bekommt zum Beispiel ein Kind Zärtlichkeit, wenn es eine gute Note aus der Schule nach Hause bringt. Oder der Lehrer schenkt einem guten Schüler auffallend viel Beachtung. Und wer schlechte Noten erhält, wird ausgeschimpft und mit Liebesentzug bestraft. Die Gesellschaft und die Eltern vermitteln dem Kind: „Du erhältst nur Anerkennung und Liebe, wenn du etwas leistest."

Deshalb haben viele Menschen nur dann ein Selbstwertgefühl, wenn sie etwas leisten. Weil in der Erziehung Selbstwertgefühl von Leistung abhängig gemacht wurde, trifft es viele Menschen tief in ihrem Selbstwert, wenn sie Kritik oder Missbilligung von anderen erhalten.

Nun können Sie heute als Erwachsener durchaus ohne die Liebe und Anerkennung anderer leben. Schließlich stehen Sie jetzt auf eigenen Füßen. Viele Menschen schleppen jedoch die seelischen Problemzonen weiter mit sich herum. Wir freuen uns zwar alle, wenn wir Beifall, Komplimente und Lob erhalten. Wenn Sie jedoch darauf angewiesen sind, dann sind Sie auf der Suche nach Selbstbestätigung.

Wichtig: Ist die Suche nach Bestätigung stark ausgebildet, dann verhält sich jemand immer gemäß den Wünschen anderer. Mit Kritik kann er überhaupt nicht fertig werden.

Sind Sie von der Bestätigung anderer abhängig, dann halten Sie die Ansichten anderer über sich für wichtiger als das, was Sie von sich selbst halten.

Praxis-Tipp:

Wenn Sie Ihre Ziele erreichen und sich behaupten wollen, haben Sie sich vom Bedürfnis nach Bestätigung durch Mitmenschen zu trennen.

Sie kommen an folgender Realität nicht vorbei: Niemand kann ein erfülltes Leben realisieren, ohne ab und zu die Missbilligung anderer Menschen auf sich zu ziehen.

Die heutige Gesellschaft lehrt das Kind, sich in den meisten Fällen auf andere zu verlassen, anstatt dem eigenen Urteil zu vertrauen. Jeder, der in der Gesellschaft groß geworden ist, ist durch die Manipulation geprägt. „Hab kein Vertrauen zu dir selbst." Die Botschaft der Manipulation ist: „Fühlen Sie sich von anderen nicht bestätigt, dann haben Sie genug Grund, sich deprimiert, schuldbewusst und wertlos zu fühlen."

Die Unterhaltungsindustrie steckt voller Aufforderungen zur Bestätigungssuche:

- „Du bist niemand, bevor dich jemand mag."

- „Ohne dich kann ich nicht leben."

- „Ohne dich bin ich nichts."

usw.

Umgang mit Kritik und geschickt kritisieren

Häufige Verhaltensweisen, in denen sich die Suche nach Bestätigung ausdrückt, sind:

- Sie verändern Ihre Meinung, weil ein anderer Missbilligung zum Ausdruck bringt.

- Sie fühlen sich deprimiert oder ängstlich, wenn jemand Ihre Meinung nicht teilt.

- Sie sagen zu allem ja, auch wenn Sie damit nicht einverstanden sind.

- Sie sagen Dinge, zu denen Sie nicht stehen, um zu erreichen, dass man Sie mag.

Sie können es nie allen Leuten recht machen, selbst wenn Sie es versuchten. Sogar wenn zum Beispiel heute eine Partei fünfzig Prozent der Stimmen erhält, haben immerhin fünfzig Prozent der Menschen eine andere Ansicht. Mit dieser Erkenntnis können Sie Missbilligung in anderem Licht sehen.

Praxis-Tipp:

Bei allem, was Sie denken, sagen und tun, werden Sie bei einem Teil der Menschen immer auf Missbilligung und Kritik stoßen.

Diese Feststellung sollte es Ihnen leichter machen, Kritik und Missbilligung von anderen nicht als Zurückweisen Ihrer Person zu empfinden.

Plato sagte vor mehr als zweitausend Jahren: „Ich kenne keinen sicheren Weg zum Erfolg, nur einen zum sicheren Misserfolg – es jedem recht machen zu wollen."

Neben der Suche nach Selbstbestätigung schadet den meisten Menschen eine unrealistische Einstellung zu Fehlern. Die Einstellung „Ich bin wenig wert, wenn ich einen Fehler begehe" ist falsch.

Nehmen wir an, Sie fangen eine ganz neue Arbeit an oder Sie machen in Ihrem Leben etwas Neues. Dann werden Sie unvermeidbar auch Fehler begehen. Fehler sind nichts Endgültiges. Sie sind Hinweise darauf, dass Sie so nicht auf dem richtigen Weg sind. Sie lernen daraus und beim nächsten Mal klappt es. Nur wenn Sie nichts tun, begehen Sie keine Fehler. Entwickeln Sie sich weiter, begehen Sie auch Fehler. Und an den Fehlern wachsen und reifen Sie. In der Gesellschaft ist die Angst vor dem Versagen groß. Sie wird schon den Kindern eingeimpft. Einen Fehler zu begehen hat aber nichts mit dem Versagen zu tun. Wichtig ist nur, daraus zu lernen.

Wie sollten Sie sich nun gegenüber Kritik verhalten? Es gibt Menschen, die wollen Ihnen gegenüber mit ihrer Kritik nur destruktive Gefühle abreagieren. Eine solche Kritik wird für Sie meistens nichts wert sein. Es gibt aber auch solche Kritiker, die Ihnen wertvolle Anregungen geben. Eine solche ist ein wichtiger Anstoß, die eigene Einschätzung zu überdenken.

Praxis-Tipp:

Sie entscheiden selbst, welche Kritik Sie annehmen wollen. Sie sind für Ihre Gefühle selbst verantwortlich.

Beschäftigen wir uns in den nächsten beiden Abschnitten damit, wie Sie mit Kritik und Missbilligung anderer umgehen.

Umgang mit manipulativer Kritik

Je mehr in Ihnen noch die Ansicht verwurzelt ist, Fehler seien etwas Unrechtes und mindern Ihren Wert, desto unangenehmer wird Ihnen Kritik sein. Und wenn Sie obendrein noch die Ansichten anderer über sich für wichtiger halten als Ihre eigenen, wird der Umgang mit Kritik für Sie zu einem schmerzvollen Problem.

Umgang mit Kritik und geschickt kritisieren

Eine Seminarteilnehmerin erzählte: „Ein Bekannte warf mir vor, ich hätte keine gute Kinderstube gehabt. Es gelang mir nicht, sie vom Gegenteil zu überzeugen. Zwei Tage habe ich mich über den Vorwurf geärgert."

Leiden Sie auch wie viele Zeitgenossen unter manipulativer Kritik? Was können Sie tun, um die konditionierte, quälende Angst auf den Reiz der Kritik zu reduzieren?

Sie reduzieren die konditionierte Angst auf den Reiz der Kritik, wenn Sie sagen:

- „Da könntest du Recht haben."
- „Das ist gut möglich."
- „Ja, du hast Recht."

Beispiel:

Kritiker: Sie haben sich in der Angelegenheit Müller sehr egoistisch verhalten."

Person A: „Da könnten Sie Recht haben."

Kritiker: „Ich finde es unverschämt, was Sie da gemacht haben."

Person A: „Mag sein."

Kritiker :   „Sie haben offenbar gar kein schlechtes Gewissen."

Person A: „Da mögen Sie Recht haben."

Kritiker: „Können Sie gar nichts anderes sagen?"

Person A: „Da gebe ich Ihnen in diesem Fall Recht."

Kritiker: „Dann hat das Gespräch mit Ihnen ja gar keinen Sinn."

Person A: „Da gebe ich Ihnen Recht."

Wenn Sie mit Ihrer Gesprächsstrategie dem anderen Recht geben, bringen Sie zum Ausdruck: Was ist denn schon dabei, selbst wenn der Vorwurf stimmt? Sie zeigen Selbstsicherheit. Mit dieser Gesprächstechnik vermeiden Sie ein wechselseitiges Hochschaukeln von gegenseitigen Vorwürfen. Sie schaffen keine Angriffsfläche in Form von eigenen Rechtfertigungen, die der andere wieder auseinander nimmt. So gelangt der Gesprächspartner mit seiner Manipulation nicht zum Ziel. Sie lassen seine Kritik ins Leere gehen.

Natürlich ist diese Technik nicht bei juristischen Auseinandersetzungen anzuwenden. Auch löst die Gesprächsstrategie keine Konflikte zwischen Menschen, sie vermeidet aber unsachliche und zu nichts führende Gespräche.

Wenden Sie diese Gesprächsstrategie gegenüber manipulativer Kritik an, ganz gleich, ob der angesprochene Sachverhalt den Tatsachen entspricht oder nicht.

Praxis-Tipp:

Wenden Sie die Gesprächsstrategie „Da könntest du (Sie) Recht haben" bzw. „Da hast du Recht" an, dann trainieren Sie sich darin, Ihre Meinung über sich für wichtiger als die von anderen Menschen über Sie zu halten. Sie üben sich auch darin, sich wegen tatsächlicher oder vermeintlicher Fehler nicht für weniger wertvoll zu halten.

So zeigen Sie dem Manipulator: Er kann und wird bei Ihnen nichts erreichen. Und es macht Ihnen nichts aus, wenn ein anderer keine gute Meinung über Sie hat. So zeigen Sie Selbstbewusstsein und Selbstsicherheit. Eine Variante dieser Gesprächsstrategie besteht darin zu sagen: „Wenn es dir dadurch besser geht, dann gebe ich dir Recht."

Umgang mit berechtigter Kritik

Die Kritik anderer Menschen kann durchaus ein wertvoller Beitrag für Ihre Entwicklung sein. Kritik hilft Ihnen dabei, etwas auch einmal aus einem ganz anderen Blickwinkel zu sehen. Ohne die Kritik anderer Menschen gibt es keine Rückmeldung zu Ihren Aktivitäten. Deshalb kommt der Kritik von Menschen, die Sie schätzen und die Ihnen nahe stehen, eine nicht zu unterschätzende Bedeutung zu.

Praxis-Tipp:

So reagieren Sie selbstsicher auf gut gemeinte Kritik:

- Bauen Sie eine innerliche Distanz zu dem auf, was an Ihnen kritisiert wird.

- Überlegen Sie: Ist die Kritik berechtigt? Selbst wenn die Kritik berechtigt ist, ist es nicht Ihre Pflicht, sich zu ändern. Sie haben das Recht zu entscheiden, ob Sie etwas ändern wollen oder nicht.

- Eine Schwachstelle der meisten Kritik sind die verschwommenen und unpräzisen Aussagen. Fragen Sie deshalb nach, um genaue Informationen zu erhalten. Genaues Nachfragen findet den Sachgehalt der Kritik heraus.

- Sie können nun Ihre Sicht der Dinge darlegen, Sie müssen es aber nicht tun. Sie tun einfach das, was Sie für richtig halten. Ist Ihr Gegenüber auch an der Darlegung Ihrer Meinung interessiert, dann äußern Sie sich, wenn Sie es wollen.

- Teilen Sie Ihrem Gegenüber mit, was Sie verändern, tun oder überdenken wollen, wenn Sie die Absicht haben. Sie müssen dazu aber nichts sagen.

Hier ein Beispiel für den Umgang mit einer Kritik:

Beispiel:

Karl: „Du redest viel zu viel."

Gerda: „Das möchte ich genau verstehen. Was meinst du, wenn Du sagst, ich rede zu viel?"

Karl: „Du neigst dazu, ein Thema zu zerreden und kommst davon nicht mehr los."

Gerda. „Du meinst, ich finde kein Ende und rede zu lange?"

Karl: „Du hast kein Interesse daran, meine Meinung zu hören. Meine Ansicht interessiert dich nicht, meine Meinung ist Dir gleichgültig."

Gerda: „Das hört sich fast so an, als ob ich gefühllos bin. Habe ich das richtig verstanden?"

Karl: „Ja, ich empfinde dich als gefühllos."

Gerda: „Hast du auch noch bei anderen Gelegenheiten den Eindruck, ich sei gefühllos?"

Karl: „Da fällt mir jetzt nichts dazu ein."

Gerda: „Und wenn ich Pausen mache und dich auch zu Worte kommen lasse?"

Karl: „Das reicht mir noch nicht."

Gerda: „Was müsste dann geschehen, damit du deine Meinung korrigierst?"

Karl: „Ich will das Gefühl haben, dass du tatsächlich an meiner Meinung interessiert bist."

Gerda: „Ich habe dich verstanden. Ich werde mich darum bemühen, dir ein solches Gefühl zu vermitteln."

Karl: „Das wäre schön."

Wie Sie geschickt kritisieren

Viele Menschen haben Schwierigkeiten, Ihr Gegenüber konstruktiv zu kritisieren.

Hier die häufigsten Konfliktmuster, die anstelle einer konstruktiven Kritik angewandt werden:

- Einschnappen, sich in sich zurückziehen, mit dem anderen nicht reden, schweigen

- Ausrasten, losbrüllen, schimpfen

Welches schädliche der beiden Konfliktmuster praktizieren Sie? Erst wenn Sie das Sie schädigende Konfliktmuster im Griff haben, ist eine konstruktive Kritik des anderen möglich. Das hört sich jetzt einfacher an als es ist.

Nur wenn Sie den Automatismus eines falschen Verhaltens stoppen, befreien Sie sich vom Zwang, der Sie in falsche Verhaltensweisen treibt.

Zurück zu der Frage: Nach welchem Muster verhalten Sie sich, wenn Sie etwas am anderen stört? Sie finden es ganz einfach heraus, wenn Sie in einem solchen Fall auf Ihre Reaktionen achten.

Hier die Schritte, um sich vom Zwang des Automatismus zu befreien:

1. Schritt

Was löst Ihre Reaktionen aus? Welche Gefühle haben Sie? Verlangsamen Sie bei der nächsten Gelegenheit Ihre Reaktionen. Registrieren Sie, was Sie wahrnehmen.

2. Schritt

Nun wissen Sie, wie Ihr Verhaltensmuster beginnt. Stoppen Sie dann Ihr altes Verhaltensmuster bei den ersten Anzeichen.

Sie stoppen das Verhaltensmuster zum Beispiel dann, wenn Sie mehrmals kurz durchatmen. Oder denken Sie für kurze Zeit an etwas Schönes. Haben Sie Geduld mit sich, wenn das Stoppen bei den ersten Malen nicht so richtig klappen will. Automatische Verhaltensweisen sind über viele Jahre entstanden und lassen sich nicht in wenigen Tagen löschen.

Kritik verläuft auch deshalb oft nicht positiv, weil Fehler in der Kommunikation begangen werden.

Die häufigsten Fehler beim Kritikgespräch

Gefühle werden als Vorwurf oder als Angriff formuliert

Beispiel: „Sie sind vollkommen unzuverlässig. Das habe ich noch nicht erlebt."

Positiv: „Ich habe mich darauf verlassen, dass Sie Ihre Zusage einhalten. Ich bin enttäuscht, weil Sie Ihr Versprechen nicht gehalten haben."

Gefühle sollen zwar beschrieben werden, Sie sind aber nicht herauszulassen, wie das beim Schreien, Brüllen usw. der Fall ist. Wer so zum Opfer der eigenen Gefühle wird, schüchtert sein Gegenüber ein und die Kommunikation ist gestört.

Stehen Sie selbst unter großem Gefühlseinfluss, den Sie nicht lenken können, so ist es besser, die Kritik auf einen späteren Zeitpunkt zu verlegen.

Die angesammelte Kritik

Hierbei wird so lange gewartet, bis mehrere Sachen zusammengekommen sind, und dann erfolgt eine ganze Kanonade von Vorwürfen.

Beispiel: „Sie haben mir nicht mitgeteilt, dass Sie Urlaub nehmen. Das ist vor einem Jahr, vor zwei Jahren und vor drei Jahren passiert. Jetzt reicht es mir aber."

Positiv: „Sie haben mit mir nicht darüber gesprochen, dass Sie Urlaub nehmen. Darüber will ich mich mit Ihnen unterhalten."

Die Kritik wird unpräzise formuliert

Beispiel: „Nie erreicht man Sie am Telefon."

Positiv: „Ich habe Sie gestern dreimal am Vormittag und dreimal am Nachmittag angerufen. Leider konnte ich Sie nicht erreichen."

Vermutungen werden als Tatsachen hingestellt

Beispiel: „Sie wissen über die Angelegenheit nicht Bescheid."

Positiv: „Ich vermute, Sie sind über die Angelegenheit nicht orientiert."

Kritik in Gegenwart von Dritten

Kritik in Gegenwart von anderen Menschen wirkt herabsetzend und ist zu vermeiden.

Persönliche Kritik

Anstatt sich auf die Sache zu beschränken, wird die Persönlichkeit des anderen angegriffen.

Beispiel: „Was haben Sie sich dabei gedacht, Sie Blödmann?"

Positiv: „Bitte sagen Sie mir, wie Sie zu der Ansicht gelangt sind."

Praxis-Tipp:

Führen Sie eine Kritik sachlich. Vermeiden Sie einen anklagenden Ton in Ihrer Stimme.

Sie wissen nun, welche Fehler bei der Kritik zu vermeiden sind. Die folgende Übersicht hilft Ihnen zu kritisieren, ohne zu verletzen.

So kritisieren Sie geschickt

- Sammeln Sie nicht über längere Zeit Kritikpunkte. Sprechen Sie über das, was Sie ärgert, zeitnah. So vermeiden Sie ein Aufstauen Ihres Ärgers.

- Führen Sie das Kritikgespräch unter vier Augen an einem ruhigen Ort.

- Sprechen Sie nur über einen Kritikpunkt.

- Bezeichnen Sie genau, was Sie kritisieren wollen. Nennen Sie es konkret, wertfrei und ohne Schuldzuweisungen.

- Ihre Kritik hat den größten Erfolg, wenn Sie
  - keine Vorwürfe erheben
  - unklare Pauschalformulierungen, Verallgemeinerungen und vage Behauptungen vermeiden
  - Ihren Ärger in der Ich-Form ausdrücken

- Lassen Sie den Gesprächspartner wissen, nach welchen Maßstäben Sie das Verhalten und die Leistungen des anderen beurteilen.

- Sprechen Sie auch positive Sachen beim anderen an. Sagen Sie, was Sie beim Gegenüber gut finden.

- Vereinbaren Sie das künftige Verhalten gemeinsam:
  - Lassen Sie den Gesprächspartner einen Vorschlag bringen
  - Bringen Sie selbst einen Vorschlag oder äußern Sie eine Bitte

- Schließen Sie das Gespräch positiv ab.

Wie Sie den Chef kritisieren

Ein Geschäftsführer eines Softwareunternehmens sagte mir: „Es gefällt mir überhaupt nicht, dass mir meine Mitarbeiter nach dem Munde reden. Ich halte es für sehr wichtig, dass sie mir auch ihre Ansichten zu Problemen mitteilen."

Wie stehts um Sie? Geben Sie Ihrem Chef gelegentlich ein kritisches Feedback? Weisen Sie den Vorgesetzten auf einen Missstand im Unternehmen hin? Oder reden Sie nur mit anderen Mitarbeitern über den Unfug, den der Chef wieder macht? Haben Sie Zivilcourage gegenüber dem Chef? Können Sie offen und ehrlich über Ihre Erwartungshaltung reden? Sind Sie fähig, eine konstruktive Kritik zum Ausdruck zu bringen? Zeigen Sie Selbstbewusstsein gegenüber dem Chef anstatt vollkommene Anpassung um jeden Preis?

Die Wurzeln eines falschen Verhaltens gegenüber dem Chef liegen in der Kindheit. Der Chef wird zum Elternteil, dem Sie gegenüber Hilflosigkeit, Bewunderung oder ohnmächtige Wut empfinden. Wie können Sie sich nun von einem solchen Rollenskript lösen?

Gehen Sie dazu in Schritten voran.

Schritt 1: Zeigen Sie sich mutig

- Bauen Sie mit Selbstbejahung Mut auf.

- Zeigen Sie Ihr Selbstbewusstsein auch nonverbal. Gehen Sie aufrecht, nehmen Sie den Kopf hoch und die Schultern zurück.

- Lächeln Sie zur Begrüßung und zur Verabschiedung.

- Halten Sie beim Gespräch Blickkontakt.

- Sprechen Sie ruhig und deutlich. Vermeiden Sie den Konjunktiv, da er unterwürfig wirkt.

Schritt 2: Stellen Sie Fragen

Reagieren sie nicht mit Schweigen, mit Beleidigtsein oder mit Rechtfertigungen. Stellen Sie Fragen.

Beispiel:

Chef: „Was Sie sich da ausgedacht haben, ist überhaupt nicht ausgereift. Wie kann man auf solche Gedanken kommen?"

Sie: „Sie halten also nichts von meinem Vorschlag. Welche Punkte sprechen dagegen?"

Nehmen wir an, Ihr Chef ist wegen seiner Wutausbrüche in der Abteilung gefürchtet. Ihn treibt die Angst, etwas könne schief gehen. Gehen Sie von diesen Ursachen seiner Wut aus, kommen Sie damit besser zurecht.

Nehmen wir weiter an, Sie seien im Kundendienst beschäftigt. Warten Sie nicht ab, bis Ihr Chef auf Sie zukommt und Ihnen Fehler vorhält. Überlegen Sie sich, wie man den Kundendienst verbessern könnte. Machen Sie dem Chef Vorschläge. Explodiert er, dann zeigen Sie Selbstbewusstsein.

Praxis-Tipp:

Wenn Sie anderer Meinung sind, dann sagen Sie es auch. Entschuldigen Sie sich nicht dafür. Mit einer defensiven Haltung zeigen Sie fehlendes Vertrauen in Ihren eigenen Standpunkt.

Der Chef ärgert sich bereits darüber, dass Sie nicht gut genug sind. Reagieren Sie defensiv, dann bestätigen Sie seine schlimmsten Befürchtungen. Ein verärgerter Chef wird durch einen unsicheren Mitarbeiter noch mehr provoziert.

Umgang mit Kritik und geschickt kritisieren

Nehmen wir an, Sie haben Aktionen eingeleitet, die mit dem Chef abgesprochen waren. Davon hält er nun nichts mehr. Wenn Sie sagen: „Sie waren doch selbst mit meinen Aktionen einverstanden, und Sie haben mir doch grünes Licht gegeben", dann machen Sie Ihren Chef zum Teil verantwortlich. Sie geben auch zu, einen Fehler begangen zu haben. Verteidigen Sie Ihren Standpunkt, ohne sich zu rechtfertigen. Sagen Sie zum Beispiel: „Ich bin anderer Meinung. Meine Aktionen kommen bei den Kunden sehr gut an und steigern den Umsatz."

Ist der Chef noch immer wütend, dann bringen Sie ihn mit der Technik des öffnenden Zuhörens (Spiegelns) dazu, mehr zu sagen. Äußern Sie: „Ich sehe, Sie sind ärgerlich. Sie meinen, mit meinen Vorschlägen habe ich nicht das Abteilungsziel erreicht. Weshalb habe ich das Ziel nicht erreicht?" Gehen wir davon aus, der Standpunkt Ihres Chefs leuchtet Ihnen ein. Ist der Chef dann immer noch wütend, dann sagen Sie: „Natürlich haben Sie Recht. Die Abteilungsziele müssen wir erreichen." So zeigen Sie, dass Sie voll auf seiner Seite stehen und auch Sie sein Problem sehen. Dann hat der Chef es nicht mehr nötig, Sie durch Anschreien dazu zu bringen, seine Probleme zu verstehen.

Natürlich fordert ein solches Vorgehen einiges Geschick und emotionale Stabilität. Einfacher ist es, nach folgender Methode zu handeln und zu sagen: „Solange Sie schreien, kann ich mit Ihnen nicht reden. Deshalb gehe ich nun. Dennoch will ich das Problem mit Ihnen noch besprechen. Die Darlegungen sollen aber nicht so verstanden werden, dass Sie den Chef in den Schatten stellen.

Praxis-Tipp:

Zeigen Sie Selbstbewusstsein. Doch Ihr Vorgesetzter muss sich Ihnen immer überlegen fühlen können. Stellen Sie Ihr Können nicht zu stark heraus, sonst erreichen Sie das Gegenteil.

Ihr Chef wird Sie langfristig nur dann achten, wenn Sie selbstbewusst eine eigene Ansicht vertreten. Da er die Gesamtverantwortung hat, kann er natürlich das anordnen, was nach seiner Meinung richtig ist. Dann darf Ihr Selbstbewusstsein nicht darunter leiden, wenn Sie sich nicht durchgesetzt haben. Bei wichtigen Angelegenheiten empfiehlt es sich, eine Notiz zu den Anordnungen des Chefs vorzunehmen, damit man Sie für seine Anordnung nicht zur Verantwortung zieht.

Checkliste: Kritisieren und kritisiert werden

- Je mehr Sie auf der Suche nach Selbstbestätigung sind, desto weniger vermögen Sie mit Kritik umzugehen.

- Ihr hilfloses Kindheits-Ich macht Sie gegen Kritik empfindlich. Bauen Sie deshalb Selbstbewusstsein auf.

- Sie werden immer von einem Teil der Menschen Missbilligung und Kritik erfahren.

- Einen Fehler zu begehen bedeutet nicht, endgültig zu versagen. Sie lernen aus dem Fehler und entwickeln sich weiter.

- Sie reduzieren die konditionierte Angst auf den Reiz der Kritik, wenn Sie sagen: „Da könnten Sie Recht haben."

- Halten Sie Ihre Meinung über sich für wichtiger als die Meinung von anderen über Sie.

- Sie entscheiden, ob Sie eine Kritik Ihrer Person annehmen oder nicht.

- Mit genauen Nachfragen finden Sie den Sachgehalt einer Kritik heraus.

- Kritisieren Sie geschickt. Reagieren Sie nicht mit Einschnappen, Sichzurückziehen, Ausrasten, Losbrüllen.

Umgang mit Kritik und geschickt kritisieren

noch: Checkliste: Kritisieren und kritisiert werden

- Verändern Sie den Automatismus eines falschen Verhaltens, indem Sie Ihre Reaktionen verlangsamen.

- Gehen Sie nach den neun Schritten einer konstruktiven Kritik vor. Vermeiden Sie die sechs häufigsten Fehler der Kritik.

- Die meisten Chefs schätzen selbstbewusste Mitarbeiter. Sagen Sie dem Chef, wenn Sie anderer Meinung sind und begründen Sie sie.

- Sie beschwichtigen einen wütenden Chef, indem Sie sagen: „Sie haben Recht. Das Abteilungsziel muss erreicht werden."

Gesprächsstrategien für schwierige Situationen

6

Beschaffen Sie sich mit Fragen mehr Informationen

Die Überlegenheit der Priesterkasten im alten Ägypten und in allen Kulturen bestand darin, dass diese mehr Wissen als das Volk hatten.

Bis in die heutige Zeit ist ein Vorsprung von Wissen gegenüber anderen das Fundament von Macht und Einfluss.

Eine Nachfahrin des Rothschild-Clans, der im 19. Jahrhundert ein Milliardenvermögen angehäuft hatte, beschreibt das Erfolgsgeheimnis der Rothschild-Dynastie wie folgt: „Wir Rothschilds hatten wichtige und entscheidende Informationen immer als erste und wir handelten sofort aufgrund unseres Wissensvorsprungs."

Wenn Sie sich geschickt behaupten wollen, dann brauchen auch Sie Informationen. Sie stehen zwar nicht immer unter dem Zeitdiktat wie die Rothschilds, aber auch Sie sind auf richtige Informationen angewiesen.

Praxis-Tipp:

- Nur wenn Sie genügend richtige Informationen haben, vermögen Sie eine Situation erst richtig zu beurteilen und dann die erfolgreichste Durchsetzungsstrategie auszuwählen.

- Sie erhalten genaue Informationen durch Fragen. Fragen sind ein effektives Instrument, sich geschickt durchzusetzen.

Was Fragen Ihnen alles bringen können:

- Sie erhalten wichtige Informationen.

- Mit Fragen machen Sie eine Situation oder ein Problem transparent.

- Stellen Sie Fragen, vermeiden Sie einen Widerspruch.

- Mit Fragen steuern Sie das Denken des anderen.

Hier einige Hinweise zu Ihrer Fragetechnik, um Ihre Informationsbeschaffung zu verbessern.

So wenden Sie die Fragetechnik erfolgreich an

- Stellen Sie überwiegend offene Fragen, also Fragen, die nicht mit Ja bzw. Nein beantwortet werden können.

- Nur wenn Sie genaue Fragen stellen, erhalten Sie präzise Antworten.

- Verwandeln Sie Behauptungen in Fragen.

- Warten Sie ab, bis der Befragte Ihre Fragen beantwortet, und beantworten Sie sich Ihre Frage nicht selbst.

- Anstatt zu widersprechen, stellen Sie besser eine Frage.

- Mit Gegenfragen gewinnen Sie Zeit und befeien sich aus Defensivsituationen.

- Vermeiden Sie zu lange Fragephasen. Geben Sie Ihrem Gegenüber auch einige Informationen, dann ist er bereitwilliger, auch weitere Fragen zu beantworten.

- Stellen Sie nicht beliebige Fragen, sondern gehen Sie dabei logisch und nach System vor.

Auf die Logik und die Konsequenz Ihrer Frageführung kommt es besonders an. Aus den Antworten Ihres Gegenübers geht hervor, welche weiteren Fragen Sie zu stellen haben. Hören Sie also auch genau zu. Die Logik der Frageführung üben Sie am besten anhand von Rätselspielen.

Hier eine Tonbandaufzeichnung aus einem Seminar als Beispiel ür ein solches Rätselspiel. Es geht hierbei darum, die Frage zu einer kurzen Geschichte zu beantworten. Die Regeln des Rätselspiels: Die Teilnehmer dürfen stets nur geschlossene Fragen stellen, die die Person (die die Lösung kennt) nur mit Ja oder Nein zu beantworten hat.

Beispiel:

Rätselspiel: Der Mann im Aufzug

Ein Mann wohnt im 24. Stock eines Hochhauses. Er hat dort eine Wohnung. Jeden Morgen fährt er mit dem Fahrstuhl bis ins Erdgeschoss und geht zur Arbeit. Abends, wenn er nach Hause kommt, fährt er mit dem Fahrstuhl nur bis zum 17. Stock und geht die letzten sieben Stockwerke zu Fuß.

Frage: Warum macht das der Mann?

Frage: „Will sich der Mann sportlich betätigen?

Antwort: „Nein."

Frage: „Besucht der Mann im 17. Stock eine Freundin?"

Antwort: „Nein."

An dieser Stelle weise ich darauf hin, dass den Fragen keine Systematik zugrunde liegt. Es wird einfach drauflos gefragt. Dann geht das Spiel weiter.

Frage: „Ist der Mann groß?"

Antwort: „Nein."

Frage: „Ist der Mann übergewichtig?"

An dieser Stelle weise ich darauf hin, dass die Fragetechnik sprunghaft erfolgt. Zur Größe des Mannes gibt es nämlich noch keine präzise Aussage.

Frage: „Ist der Mann kleiner als 180 cm?"

Antwort: „Ja."

Frage: „Ist der Mann kleiner als 160 cm?"

Antwort: „Ja."

Frage: „Ist der Mann kleiner als 130 cm?"

Antwort: „Ja."

An dieser Stelle gibt es fast immer bei mehreren Teilnehmern ein Aha-Erlebnis. Haben Sie es erraten?

Lösung: Der Mann ist Liliputaner. Er kommt nicht an den Knopf des 24. Stockwerkes heran, sondern nur an den Knopf des 17. Stockwerks.

Hat Ihnen das Rätselspiel klar gemacht, was präzise Frageführung ist?

Praxis-Tipp:

Die präzise Fragetechnik hat für Sie noch einen weiteren sehr großen Vorteil. Stellen Sie maximal drei oder vier präzise Fragen hintereinander, dann verwickelt sich Ihr Gegenüber in Widersprüche, wenn er Ihnen nicht die Wahrheit gesagt oder zum Thema keine Ahnung hat.

Beispiel:

Ein Bekannter erzählte mir: „Seit mehreren Jahren gehe ich zu einem Arzt zur Vorsorgeuntersuchung. Bei der letzten EKG-Aufnahme brachte er Besorgnis über mein EKG zum Ausdruck. Ich fragte den Arzt, was sich daran gegenüber den Vorjahren verändert hätte. Er entgegnete mir, dass keine Veränderung vorliege. Ich wechselte sofort den Arzt, da er mir in den Vorjahren stets erzählt hatte, mein EKG sei einwandfrei."

Wie mir drei präzise Fragen halfen, rund 4 000,– Euro einzusparen

Bei meinem Hausbau in Reichshof-Eckenhagen gab es erhebliche Probleme mit dem Architekten. Deshalb unterzog ich seine von ihm als richtig und zur Bezahlung angewiesenen Bauabrechnungen einer genauen Kontrolle.

So konnte ich zum Beispiel die Erdabrechnung nicht nachvollziehen. Ich dachte mehrere Stunden darüber nach und konnte einige Widersprüche nicht auflösen. Insgesamt hatte ich mir fünf Fragen zurecht gelegt. Die Fragen konnte ich aber erst dann entwickeln, nachdem ich über den Sachverhalt mehrere Stunden nachgedacht und Widersprüche entdeckt hatte. Im Gespräch brach der Architekt bereits bei der dritten Frage ein und gab zu, dass die Erdabrechnung um rund 4 000,– Euro überhöht war. Obwohl er auch für die komplette Überwachung der Bauabrechnungen bezahlt wurde, sagte er mir zu seiner „Entschuldigung", er wisse doch, dass ich seine Zahlen kontrolliere. In der neuen Abrechnung ging er aber überraschend nur um 3 000,– Euro runter. Mein Fragespiel erhielt eine Fortsetzung, und dann korrigierte er die Abrechnung ein weiteres Mal um die fehlenden 1 000,– Euro.

Als aufmerksamer Leser werden Sie schon festgestellt haben, wo mein Hauptfehler lag. Ich war zu bequem gewesen, mir bei mindestens drei Bauherren Auskunft über den Architekten einzuholen. Bei der „Empfehlung" ehemaliger Nachbarn hatte ich mir nicht die Mühe gemacht, gründlich zu recherchieren.

Praxis-Tipp:

Die geschickteste Strategie ist, Selbstbehauptung möglichst nicht erforderlich werden zu lassen. Scheuen Sie daher nicht den Aufwand, sich vor Entscheidungen Informationen zu beschaffen.

Test: Überprüfen Sie, wie gut Ihre Fragetechnik ist

Wie gut ist Ihre Fragetechnik?

	Ja	Nein
1. Stellen Sie mehr Fragen als Behauptungen?	☐	☐
2. Stellen Sie meistens offene und nicht geschlossene Fragen?	☐	☐
3. Hinterfragen Sie die Antworten, die Ihnen Ihr Gegenüber gibt?	☐	☐
4. Stellen Sie logische Fragen und systematisch?	☐	☐
5. Stellen Sie, statt zu widersprechen, besser eine Frage?	☐	☐
6. Stellen Sie immer nur eine Frage?	☐	☐
7. Beantworten Sie sich Ihre Fragen nicht selbst?	☐	☐

Achtung: In den Bereichen, in denen Sie ein Nein angekreuzt haben, müssen Sie Ihre Fragetechnik verbessern.

Wirksame Gesprächsstrategien

Überprüfen Sie Behauptungen und stellen Sie Widersprüche fest

Das bereits beschriebene Beispiel der Erdabrechnung des Architekten ist auch ein Beispiel dafür, wie die Überprüfung von Behauptungen und das Feststellen von Widersprüchen zum Durchsetzungserfolg führen kann. Widersprüche in den Ausführungen des Gegners zu entdecken ist die älteste und ergiebigste Vorgehensweise, um sich im Gespräch zu behaupten. Je länger Ihr Gegenüber spricht, desto leichter erkennen Sie Widersprüche. Stellen Sie Ihrem Gegenüber also möglichst viele offene Fragen, damit er länger redet. Dann haben Sie es leicht, Widersprüche zu entdecken.

Um die von Ihnen festgestellten Widersprüche zu entkräften, muss der Gegner seine Argumentation ständig wiederholen und wird so in die Defensive gedrängt. Und selbst wenn er seine Argumentation verbessert, brauchen Sie nur demonstrativ den Kopf zu schütteln.

Übertreiben Sie, bis Ihrem Gesprächspartner seine eigene Idee nicht mehr gefällt

Diese Technik eignet sich für starke Gesprächspartner, die Ihre Interessen sehr gut vertreten.

Gehen Sie bei Anwendung dieser Technik wie folgt vor: Hören Sie zunächst die Behauptungen Ihres Gegenübers in aller Ruhe an. Lassen Sie sich durch seinen Vortrag nicht beeindrucken. Übertreiben Sie dann die Behauptung bis ins Absurde und lehnen Sie dann entschieden ab.

Beispiel:

Nehmen wir an, der Vorschlag, noch mehr für den Kunden zu tun, liegt nicht in Ihrem Interesse. Sie sagen: „Sollen wir vielleicht noch mehr für den Kunden tun und so Verlustgeschäfte machen? Wie Sie wissen, ist unser Wettbewerb XY am übertriebenen Kundenservice Pleite gegangen."

Bringen Sie einen neuen Aspekt ins Gespräch

Ist Ihr Gegenüber Spezialist auf seinem Gebiet, dann lenkt er die Diskussion nur auf den Bereich, von dem er sehr viel weiß. Überlegen Sie sich noch vor dem Gespräch einen weiteren Aspekt, den Sie ins Gespräch bringen. Stellen Sie dann diesen Aspekt als den entscheidenden in der Verhandlung hin.

Beispiel:

Ein Reisebüro versucht Ihnen eine billige Reise in die Karibik schmackhaft zu machen. Sie werden auf viele Vorteile hingewiesen, um Sie zur Buchung zu dem Preis zu bewegen. Sie bringen nun den Aspekt der ungünstigen Jahreszeit ins Gespräch. Da zu dieser Jahreszeit keine Schönwettergarantie gegeben ist, versuchen Sie mit diesem Argument den Preis zu drücken.

Isolieren Sie einzelne Nachteile und schließen Sie daraus auf die Qualität des Ganzen

Beispiel:

Autoverkäufer, die alte Schlitten verkaufen, verfahren nach dieser Taktik. Sie greifen beim Verkaufsgespräch Einzelheiten heraus und betonen diese. Sie verweisen zum Beispiel auf das beeindruckende Design der Stoßstange und auf die hohe Servicequalität der Reparaturwerkstätten des Automobilherstellers. Mit dieser Strategie wird das Bewusstsein des Interessenten so fokussiert, dass es schwer fällt, das Produkt nicht zu kaufen.

Sie bejahen die Schlussfolgerungen Ihres Gesprächspartners und bringen andere Annahmen ins Gespräch

Da die Schlussfolgerungen des Gesprächspartners auf falschen Annahmen beruhen, ist auch das Ergebnis falsch. Sie selbst bringen nun andere Annahmen ins Gespräch. Das Vorgehen ist einfach: Andere Annahmen führen auch zu anderen Ergebnissen.

Beispiel:

Frau Merdel ist der Meinung, die Geschäfte laufen schlecht, und deshalb muss das Unternehmen konsequent Sparmaßnahmen beschließen. Herr Meyer kontert überlegen: „Natürlich haben Sie Recht, wir müssen Sparmaßnahmen einleiten, wenn der Geschäftsgang so schlecht ist. Ich stimme Ihnen hierbei zu. Nur, und darin weiche ich von Ihnen ab, meine Prämissen sind ganz andere. Die Marktverhältnisse haben sich so geändert, dass wir auf anderen Geschäftsfeldern aktiv werden müssen. Hier ist bei der Auswahl neuer Geschäftsfelder umfangreiche Arbeit zu leisten. Wir müssen also kräftig investieren und nicht sparen, wenn wir nicht vom Markt verschwinden wollen."

Zeigen Sie Ruhe und Gelassenheit, selbst wenn sich Ihr Gegenüber noch so sehr erregt

Eine häufige Taktik ist, die Eskalation zu vermeiden, so dass es nicht zu einer großen Schärfe bei der Auseinandersetzung kommt. Nicht jedoch bei dieser Strategie in diesem Abschnitt. Mit der hier genannten Strategie legen Sie es darauf an, Ihr Gegenüber aus dem Gleichgewicht zu bringen. Die Strategie wirkt jedoch nur, wenn Sie sich vom Verhalten des anderen nicht anstecken lassen und ebenso die Nerven verlieren.

Bringen Sie Ihre Argumente und Ihre Thesen vor. Sie stellen fest, dass Ihr Gegenüber unruhig und wütend wird. Stecken Sie dann nicht zurück. Gehen Sie weiter ins Detail. Selbst wenn Ihr Gegenüber seine Beherrschung restlos verliert, wiederholen Sie nochmals Ihre Argumentation und Ihre Thesen. Bleiben Sie vor allem dabei ruhig. Ihr aufgeregtes Gegenüber bringt sich mit seiner Unkontrolliertheit in große Schwierigkeiten. Nachteile sind die Folge für ihn, weil er unüberlegt redet. Diese Taktik wird oft bei Gericht angewandt. Um den Gegner noch mehr zu reizen, versuchen Anwälte den gegnerischen Mandanten mit Angriffen derart hochzubringen, dass dieser die Selbstbeherrschung verliert und Dinge sagt, die ihm im Prozess schaden. Wenden Sie diese Durchsetzungsstrategie nur in ganz wenigen Situationen an. Sie ist zwar in der betreffenden Situation sehr wirksam, aber negativ und zerstört Beziehungen.

Beispiel:

Das Scheidungsverfahren zwischen Boris Becker und seiner Frau in den USA war Anfang des Jahres 2001 Gegenstand vieler Berichte in den Medien.

Hier das Vorgehen des Anwalts, mit dem er Boris Becker stark in die Defensive brachte. Samuel I. Burstyn, der Anwalt von Frau Becker, nimmt Boris Becker aggressiv ins Verhör:

„Stimmen Sie zu, dass nirgendwo in Ihren eidesstattlichen Erklärungen zu den Verträgen mit DaimlerChrysler etwas über die Sicherheit Ihrer Kinder steht und dass sie gefährdet ist, wenn etwas über die Verträge bekannt werden würde?"

Becker will etwas sagen.

Burstyn unterbricht ihn: „Die Frage ist nur: Ja oder Nein."

Richter zu Becker: „Hören Sie bitte noch einmal zu und antworten Sie mit Ja oder Nein."

Die Frage wird wiederholt.

Becker antwortet: „Ja."

Becker ergänzt: „Die Summen, wie viel ich verdiene, ziehen Kriminelle an, und ich darf dazu nichts sagen wegen der Sicherheit meiner Kinder."

Burstyn: „Ist es wahr, dass Sie uns gegenüber darstellen, je mehr Sie verdienen, desto mehr wird die Vorstellungskraft von Kriminellen angeregt?"

Becker: „Nein, aber ich werde vertragsbrüchig, wenn ich über Details meiner Verträge rede …"

Burstyn: „Was denn nun? Ihre Sorge um die Darstellung Ihrer finanziellen Verhältnisse beruht doch nur darauf, dass Sie sich in einer kriminellen Auseinandersetzung mit den deutschen Steuerbehörden befinden."

Beenden wir hier das Beispiel.

Bringen Sie den anderen in Schwierigkeiten, indem Sie ihn ignorieren

Auch diese Taktik ist schon zu den destruktiven Taktiken zu rechnen. Doch um sich nicht immer mehr in die Defensive drücken zu lassen, haben Sie gelegentlich auch härtere Strategien einzusetzen. Tun Sie so, als ob Sie nicht hinhören, wenn Ihr Gegenüber spricht. Schauen Sie aus dem Fenster oder in eine andere Richtung. Das wird Ihr Gegenüber sehr verunsichern.

Fragt Sie Ihr Gegenüber, warum Sie sich so verhalten, dann dürfen Sie nicht auf seine Frage eingehen. Reden Sie dann über etwas ganz anderes. Auch diese Strategie ist nicht anzuwenden, wenn Sie an einem positiven Verhältnis zu Ihrem Gegenüber interessiert sind.

Reden Sie, sagen sie aber nichts über sich

Gelegentlich haben Sie es mit Situationen zu tun, bei denen Leute Sie dazu bringen wollen, viele Informationen über sich preiszugeben. Es wurde schon mehrfach darauf hingewiesen: Je mehr Mitmenschen über Sie wissen, desto leichter hat man Sie in der Hand. Gewiss erinnern auch Sie sich an Situationen in Ihrem Leben, bei denen Sie nachher bedauert haben, zu viel geredet zu haben. Das ist übrigens der häufigste Fehler, den viele Menschen begehen.

Schweigen sie zu Fragen, zu denen Sie keine Auskunft geben wollen.

Sie können hierzu auch folgende Strategie anwenden:

- Lenken Sie ab und sprechen Sie ein anderes Thema an.

- Stellen Sie Gegenfragen.

- Hinterfragen Sie die Fragen: „Weshalb interessiert Sie das?"

- Paraphrasieren Sie. Wiederholen Sie die Frage Ihres Gegenübers mit anderen Worten, ohne eine Antwort zu geben.

- Geben Sie humorvolle Antworten, wie ich sie in meinem Buch „Geschickt kontern: Nie mehr sprachlos!" angegeben habe.

Beenden Sie Gespräche auf unterschiedliche Weise

Um sich zu behaupten, müssen Sie auch zum Ende des Gesprächs kommen. Manche Menschen haben so ein großes Redebedürfnis, dass sie Gespräche nicht beenden können. So wirken sie nicht nur schwach, sie werden auch nicht die eigenen Interessen in der notwendigen Art vertreten können.

Hier einige Möglichkeiten, ein Gespräch zu beenden:

- Können Sie davon ausgehen, dass nichts Wichtiges mehr zu besprechen ist, dann sagen Sie: „Gibt es sonst noch etwas Wichtiges, das heute zu besprechen ist?"

- Deuten Sie das Ende des Gesprächs an: „Wir haben nun alles Wichtige besprochen."

- Auf das nächste Treffen anspielen: „Dann sehen wir uns in 14 Tagen wieder."

- Geben Sie einen Grund für die Beendigung des Gesprächs an: „Jetzt muss ich zur nächsten Besprechung."

- Ein kurzer Abschiedsgruß: „Auf Wiedersehen" oder „Bis bald".

- Sie machen eine Abschlussbemerkung: „Mit diesem Ergebnis sind wir wieder einen Schritt weitergekommen."

Trainieren Sie Ihre dialektischen Fähigkeiten

In diesem Kapitel wurden Ihnen besonders wirksame Gesprächsstrategien für schwierige Situationen dargelegt. Das hilft Ihnen schon entscheidend. Sie kommen jedoch nicht daran vorbei, sich auf dem gesamten Gebiet der Dialektik zu verbessern.

Ich empfehle Ihnen dazu mein Buch: „Geschickt kontern: Nie mehr sprachlos!". Sie finden dort viele Hinweise, wie Sie sich schlagfertig in Auseinandersetzungen und Diskussionen verhalten. Sie erhalten Ratschläge, wie Sie vorgehen, wenn Sie in der Defensive sind und wie Sie unfairer Dialektik schlagfertig begegnen.

Checkliste: Wichtige Gesprächsstrategien

- Nur wenn Sie ein genaues Bild einer Situation haben, vermögen Sie sich zu behaupten. Beschaffen Sie sich deshalb Informationen, stellen Sie präzise Fragen.

- Bringen Sie Ihren Gesprächspartner durch offene Fragen zum Reden und stellen Sie Widersprüche in seinen Ausführungen fest.

- Übertreiben Sie die Idee des Gesprächspartners bis ins Absurde, sodass ihm die eigene Idee nicht mehr gefällt.

- Bringen Sie neue Aspekte ins Gespräch.

- Suchen Sie in den Ausführungen des anderen nach einem Nachteil einer Einzelheit und lehnen Sie dann das Ganze ab.

- Bauen Sie auf anderen Annahmen als Ihr Gesprächspartner auf und gelangen Sie zu anderen Schlussfolgerungen.

- Zeigen Sie Ruhe und Überlegenheit, wenn der andere die Selbstbeherrschung verliert.

- Sie verunsichern den Gegenüber, wenn Sie ihn ignorieren.

- Verwenden Sie die beiden letzten Behauptungsstrategien nur in seltenen Fällen, da sie zu den destruktiven Strategien gehören.

- Seien Sie mit der Preisgabe von Informationen über sich sehr vorsichtig.

- Finden Sie den Mut, Gespräche auch zu beenden. Wer kein Ende findet, wirkt schwach und schadet seinen Interessen.

- Sie verbessern Ihr Verhalten in Auseinandersetzungen und Diskussionen, wenn Sie Ihre dialektische Gesprächsführung verbessern. Dabei hilft Ihnen mein Buch: „Geschickt kontern: Nie mehr sprachlos!".

Wie Sie Negativstrategien abwehren

7

Halten Sie Absprachen schriftlich fest

Gewiss ist Ihnen nicht nur einmal Folgendes passiert: Sie führen mit einer oder mehreren Personen ein Gespräch und es wird festgelegt, was wer tut. Es vergeht einige Zeit und nichts erfolgt. Sprechen Sie dann Ihr Gegenüber auf die Absprache an, so vermag er sich an nichts mehr zu erinnern. Lassen Sie es nicht so weit kommen. Schreiben Sie ein kurzes Protokoll und lassen Sie die Anwesenden unterzeichnen.

Eine schwächere Variante dieser Strategie ist:

Schreiben Sie selbst nachträglich ein Protokoll und schicken Sie jedem der Teilnehmer eine Kopie davon zu. Ist ein Teilnehmer der Ansicht, Sie hätten etwas falsch verstanden, dann kann er sich bei Ihnen melden und seine Ansichten dazu darlegen.

Sie können dazu auch noch folgenden Text schreiben: „Die Aufzeichnung erfolgte nach bestem Wissen und Gewissen. Gibt es zu der Darlegung Einwendungen, dann haben diese bis zum … zu erfolgen. Danach gilt das Geschriebene." Vielleicht bringen Sie jetzt den leicht nachvollziehbaren Einwand: „Das ist doch alles viel zu aufwendig." Ich kann Sie verstehen. Doch spätestens, wenn Sie mehrmals reingefallen sind, wird Ihnen bewusst, wie sehr Ihnen die empfohlene Technik hilft. Oft genug bin ich selbst reingefallen, wenn ich mich nicht an diese Strategien gehalten habe. Der Ärger und der Aufwand, der sich dann ergibt, ist größer als der Aufwand für die Notiz. Natürlich ist das Aufschreiben auch noch keine Garantie für das redliche Verhalten der anderen. Sie ist in jedem Fall eine gute Grundlage, sich erfolgreich durchzusetzen.

Begehen Sie auch nicht den Fehler und lassen Sie sich bei wichtigen Angelegenheiten mündliche Auskunft von Behörden geben. Stellen Sie Ihre Fragen schriftlich. Da sich ein Sachbearbeiter keinen Fehler nachweisen lassen will, wird seine Auskunft gewissenhafter sein.

Strategien gegen Aufschieben, Verschleppen und Abschweifen

Wenn Sie zu Ihrem Mann sagen: „Ich möchte mich mit dir über einen wichtigen Punkt in der Kindererziehung unterhalten", sagt er vielleicht: „Heute fühle ich mich nicht wohl. Reden wir darüber ein anderes Mal." Ähnlich verhält sich der Chef, den Sie um eine Gehaltserhöhung bitten und der vorgibt, dafür jetzt keine Zeit zu haben.

Handeln Sie in diesem Fall einen Zeitpunkt für ein späteres Gespräch aus. Sagen Sie: „An welchem Termin werden wir uns darüber unterhalten?" Nennt Ihr Gegenüber den Termin, dann wiederholen Sie ihn.

Beispiel: ───────────────────────────────

Chef: „Ich habe jetzt keine Zeit, um ein Gespräch über Ihr Gehalt zu führen. Ich habe in den nächsten Tagen eine wichtige Arbeit zu erledigen."

Sie: „Bitte nennen Sie mir einen Termin für das Gespräch."

Nun zum Verschleppungsmanöver. Gehen wir zunächst von dem Fall aus, dass Sie jemandem einen Auftrag erteilt haben, der auch vom anderen angenommen wurde. Er führt aber den Auftrag nicht aus. Setzen Sie dem Gegenüber schriftlich eine weitere kurze Nachfrist. Hält er diese Frist nicht ein, setzen Sie ihm eine Nachfrist und drohen damit, ihm den Auftrag zu entziehen. Schwieriger wird es, der Verschleppungstaktik zu begegnen, wenn Sie mit dem anderen einen Vertragsabschluss vornehmen wollen.

Legen Sie Ihr Gegenüber bei der Vertragsverhandlung darauf fest, dass der Vertrag gilt, wenn keine weiteren Einwände oder Gegenvorschläge bis zu einem festgelegten Termin erfolgen.

Wie Sie Negativstrategien abwehren

Nehmen wir an, Ihr Partner lehnt sofort Ihren Vorschlag ab, wenn es gilt ein Problem zu lösen. Fragen Sie dann, welche Vorschläge er hat. Spielen Sie ihm so den schwarzen Peter zu. Jetzt ist er an der Reihe, Vorschläge zu bringen. Setzen Sie ihm eine kurze Frist. Bringt der Partner keinen Vorschlag ein, dann bringen Sie neue Vorschläge.

Eine weitere Negativstrategie ist, sich durch Abschweifungen vom angesprochenen Thema dem Gesprächspunkt zu entziehen. Gehen Sie auf solche Abschweifungen nicht durch längere Antworten darauf ein.

Beispiel:

Ablenkungsmanöver vom Chef: „Ist es nicht Ihre Aufgabe, das Projekt Dara zu bearbeiten?"
Mitarbeiter: „Ja, aber ich habe die Zeit, mit Ihnen ein klärendes Gespräch in einer Personalangelegenheit zu führen. Mein Wunsch ist …"

Strategien gegen Vorwürfe und Beleidigungen

Wenn Sie mit jemandem über etwas reden, das Ihnen nicht gefällt, dann ist eine häufige Reaktion, dass er Ihnen etwas vorwirft. So wird versucht, ein „Gleichgewicht" herzustellen. Gehen Sie, wenn überhaupt, nur kurz darauf ein. Oder weisen Sie darauf hin, dass darüber ein anderes Mal gesprochen wird.

Beispiel:

Sie: „Sie haben den Brief, den ich diktierte, noch nicht geschrieben."
Person B: „Nein, Sie haben mir nicht die Aufgabe gegeben."
Sie: „Ich will, dass der Brief noch heute rausgeht."

Nun zum Umgang mit Beleidigungen. Manchmal wird Ihr Gegenüber Ihre Sicht der Dinge verächtlich machen und Ihre Fähigkeiten oder Sie persönlich angreifen. Verzichten Sie auf Gegenbeleidigungen. Sie können einfach spiegeln: „Ich sehe, das macht Sie wütend, aber das ist eine wichtige Sache, die zu besprechen ist."

Lassen Sie sich von der Wut des anderen nicht anstecken. Reizbarkeit ist kein Zeichen von Stärke, sondern von Hilflosigkeit. Reagiert eine Person wütend gegen Sie, so reicht die Ursache des Verhaltens weit in die Vergangenheit zurück und bezieht all jene emotionalen Verletzungen mit ein, die der Betreffende in seinem Leben bisher erlebt hat. Lassen Sie sich also nicht in die Wut Ihres Gegenüber verstricken, sondern behalten Sie alle Optionen, geschickt zu handeln.

Praxis-Tipp:

Wenn Sie nichts persönlich nehmen und Ihre Gefühle unter Kontrolle haben, dann sind Sie überlegen. Dann vermögen Sie mit den Emotionen anderer zu spielen.

Manchmal kann ein gespielter Wutausbruch durchaus Vorteile bringen, wenn Sie den Zorn unter Kontrolle haben. Wenn Sie die Wutausbrüche zu oft einsetzen, dann werden sie nicht mehr ernst genommen.

Strategien gegen Bestreiten

In einem Gespräch ist die Verneinung eine gute Möglichkeit, den anderen zu verunsichern oder ihn sogar in eine emotionale Erregung zu bringen. Verfährt der Gesprächspartner so mit Ihnen, dann hüten Sie sich davor, sich in eine längere Rechtfertigung drängen zu lassen. Denn wenn Sie es der anderen Seite beweisen wollen, dass Sie Recht haben, so wird das meistens schwer für Sie werden. Denn zu leicht lässt sich eine Schwachstelle in Ihrer Beweisführung finden. Lassen Sie sich also nicht auf eine Diskussion darüber ein, welche Perspektive die richtige ist. Setzen Sie einfach der Aussage des Gegenübers ein „Nein" entgegen. Sie können dazu auch eine Formulierung verwenden: „Nein, Tatsache ist …"

Lassen Sie sich nicht einlullen

Hinter einem scheinbar aufrichtigen Schachzug können sich sogar mehrere Täuschungstricks verbergen. Offenherzige Gesten der Ehrlichkeit und Großzügigkeit lullen selbst sehr misstrauische Menschen ein. Sobald ein derartiger gezielter Aufrichtigkeitsbeweis Sie dazu bewegt, Ihren Selbstschutz aufzugeben, sind Sie leicht zu manipulieren.

Beispiel:

Selbst der gerissene und misstrauische Gangster Al Capone ist einmal auf einen solchen Trick reingefallen.

Graf Lustig erklärte Al Capone: „Geben Sie mir 50 000 Dollar. Ich werde sie in 60 Tagen verdoppeln." Al Capone war mit dem Handel einverstanden. Lustig nahm das Geld und legte es in einen Safe. Er unternahm nichts, um das Geld zu vermehren. Nach 60 Tagen holte Graf Lustig das Geld, ging zu Al Capone und sagte: „Tut mir leid. Mein Plan ist fehlgeschlagen." Al Capone schaute ihn grimmig an und überlegte, wie er den Grafen beseitigen könne. Der Graf jedoch griff in seine Tasche, holte die 50 000 Dollar heraus, legte sie auf den Tisch und sprach: „Hier ist Ihr Geld auf den Cent genau. Gern hätte ich Ihr Geld verdoppelt, doch mein Plan ist fehlgeschlagen." Al Capone ließ sich überrascht in den Stuhl fallen. „Ich habe mit 100 000 Dollar oder gar nichts gerechnet.

Aber nun …, ich bekomme mein Geld zurück." Er konnte es nicht fassen. Graf Lustig entgegnete: „Ich entschuldige mich nochmals." und schickte sich an, den Raum zu verlassen.

„Sie sind aber ehrlich", entfuhr es Al Capone. „Wenn Sie in Schwierigkeiten sind, hier sind fünf Scheine, um Ihnen auszuhelfen." Und er gab ihm fünf 1 000-Dollar-Scheine. Der Graf schien ergriffen zu sein, verbeugte sich tief, dankte und verließ mit dem Geld Al Capone. Diese 5 000 Dollar waren genau das, was Graf Lustig einkalkuliert hatte.

Seien Sie vorsichtig. Mit großzügigen Gesten wird Ihnen das Misstrauen genommen. Wenn Sie etwas nachdenken, werden Ihnen ebenso wie mir Situationen Ihres Lebens einfallen, wo Sie zum Opfer der Taktik wurden.

Ein Geschenk ist eine Variante der Methode, um Wachsame einzuschläfern. Zehn Jahre hatten die Griechen mit der Belagerung Trojas keinen Erfolg. Der Grieche Odysseus überzeugte seine Landsleute, ein riesiges hölzernes Pferd zu bauen, Krieger darin zu verstecken und es den Trojanern als Geschenk anzubieten. Die List funktionierte, und das Geschenk brachte den Griechen mehr Erfolg als zehn Jahre Kampf.

Checkliste: Abwehr von Negativstrategien

- Scheuen Sie nicht den Aufwand, Absprachen schriftlich festzuhalten. Er wird sich fast immer auszahlen.

- Mit Terminsetzungen begegnen Sie Aufschiebungen und Verschleppungen.

- Sie schützen sich vor Ablenkungsmanövern, indem Sie nicht darauf eingehen.

- Gehen Sie auf Vorwürfe, wenn überhaupt, nur kurz ein.

- Spiegeln Sie bei Beleidigungen Emotionen und lassen Sie sich nicht zu Gegenbeleidigungen provozieren.

- Gehen die Gefühle mit Ihnen durch, dann schaden Sie sich selbst.

- Bestreitet Ihr Gegenüber Ihre Aussagen, dann hüten Sie sich vor Rechtfertigungen. Setzen Sie der Aussage des Gegenübers ein Nein entgegen.

- Lassen Sie sich nicht von vorgespielten Großzügigkeiten oder Ehrlichkeiten einwickeln.

Strategien für langfristige Durchsetzungserfolge

8

So führen Sie ein selbstbestimmtes und erfülltes Leben

Nehmen Sie Ihre Möglichkeiten wahr, ein selbstbestimmtes und erfülltes Leben zu führen. Und lösen Sie sich dazu aus destruktiven Verhaltensmustern.

So führen Sie ein selbstbestimmtes Leben

- Haben Sie eine Vision von sich und von Ihrem Lebensweg.
- Schaffen Sie Ihre eigene Persönlichkeit.
- Stellen Sie Ihre eigenen Regeln auf.
- Seien Sie beharrlich.
- Lenken Sie Ihre Energien auf Ihre Ziele.
- Versuchen Sie nicht, um jeden Preis zu gefallen.
- Stellen Sie unmissverständliche Forderungen.
- Sagen Sie klipp und klar Nein.
- Haben Sie keine Angst vor Kritik.
- Schützen Sie sich vor Manipulation.

Sie lassen sich von anderen nicht in Angst und Panik versetzen, wenn Sie Ihren eigenen Weg gehen.

Schaffen Sie Ihre eigene Persönlichkeit

Sie werden sich in der Welt nur dann behaupten, wenn Sie sich auch die entsprechende Persönlichkeit selbst schaffen.

Wie möchten Sie gern sein? Visualisieren Sie, wie Sie am liebsten sein wollen. Wären Sie gern selbstbewusster? Schaffen Sie sich eine solche Vorstellung von sich, wie Sie gern sein möchten. Darauf wurde schon zu Anfang des Buches hingewiesen.

Sie wissen: Die Vorstellung, man könne an der eigenen Person nichts verändern, ist eine der großen Lebenslügen, die den Menschen schaden.

Überlegen Sie, was Sie wirklich wollen. Stellen Sie sich vor, Sie wären schon der Mensch, der Sie sein möchten, und handeln Sie danach. Dann verändern Sie auch Ihr Leben. Ich habe diese Tatsache wie viele andere Menschen schon oft in meinem Leben erfahren.

Joseph Kennedy ließ seinen Kindern die Überzeugung vermitteln, sie könnten Menschen und Situationen beeinflussen. Entsprechend verhielten sich die meisten seiner Kinder und hatten damit auch großen Erfolg. Um zu lernen, auch die richtige Einstellung dem Risiko im Leben einzuräumen, musste bereits der Kennedy-Nachwuchs auf hohe Bäume klettern. Die Devise war: Für einen Kennedy ist nichts zu hoch.

Praxis-Tipp:

Schaffen auch Sie Ihre Persönlichkeit selbst und visualisieren Sie Ihre eigene Persönlichkeit. So befreien Sie sich von einengenden Selbstbildern, die das Ergebnis negativer Umweltbeeinflussung waren.

Wenn Sie so die große Kraft Ihrer eigenen Persönlichkeit entfalten, dann entwickeln Sie auch die Beharrlichkeit, die für einen langfristigen Durchsetzungserfolg so notwendig ist.

Hören Sie auf Ihre Intuition

Wenn Sie der Meinung sind, dass die Gesellschaft festlegt, wer Sie sind und wie Sie leben, dann werden Sie genau dieses Leben führen. Es gab und es gibt immer wieder Menschen, die den Sinn ihres eigenen Lebens erkennen. Für solche Menschen ist die Gesellschaft die Bühne, auf der sie als Autor und Regisseur ihr eigenes Leben inszenieren. Auch Sie werden Ihre Ziele und Ihren Lebenssinn erkennen, wenn Sie auf Ihre innere Stimme hören. Es ist nur wichtig, auf die innere Stimme zu vertrauen.

> **Praxis-Tipp:**
>
> Glauben Sie daran, dass es in Ihrem Bewusstsein tief verborgen ein großes Wissen gibt. Meldet sich dieses höhere Selbst zu Worte, dann erleben Sie dies als die Stimme der Intuition.

Über die Intuition sagt Albert Einstein: „Das wirklich Wertvolle ist die Intuition."

Und Ralph Waldo Emerson sagte: „Die wichtigste Weisheit ist die Intuition. In dieser unergründlichen Kraft, der letzten Tatsache, die nicht von einer Analyse erfasst werden kann, hat alles seinen Ursprung."

Intuition wird definiert als unmittelbares Wissen ohne den Einsatz logischen Denkens. Intuition ist gleichsam eine höhere Dimension der emotionalen Intelligenz.

Viele der bedeutendsten Naturwissenschaftler, Philosophen, Musiker, Künstler und Führungspersönlichkeiten wie Einstein, Gandhi, Beethoven und Mozart haben freimütig eingestanden, dass sie ihre größten Errungenschaften ihrer Intuition zu verdanken haben.

Wichtig: Auch Sie haben die Fähigkeit, kreative Prozesse, Problemlösungen und Entscheidungsfindungen mit Ihrer Intuition vorzunehmen.

Die Intuition kommt bei solchen Menschen besser zu „Wort", die sich leicht über starre Positionen, Vorurteile und Meinungen hinwegzusetzen vermögen.

Hier einige Hinweise, wie Sie Ihrer Intuition leichter zum Durchbruch verhelfen können:

So helfen Sie Ihrer Intuition zum Durchbruch

- Trainieren Sie das intuitive Fließen. Schreiben Sie dazu jeden Morgen einige Minuten das auf, was Sie beschäftigt.

- Machen Sie eine Meditationsübung, wie Sie auf der von mir besprochenen Audiokassette „Meditation" dargelegt ist (siehe Literaturhinweise).

- Bleiben Sie eine Stunde ruhig sitzen und lassen Sie sich durch niemanden stören.

- Machen Sie einen Waldspaziergang. Oder ziehen Sie sich für einen Tag oder länger in die Einsamkeit zurück.

Nutzen Sie logisches Denken und Ihre Intuition. So werden Sie komplizierte Situationen besser beurteilen.

Bleiben Sie offen und isolieren Sie sich nicht

Wenn es Feinde gibt und man sich schützen muss, machen viele Menschen den Fehler, sich wie in einer Festung zurückzuziehen. Vermeiden Sie ein solches Verhalten.

Achtung: Isolation schafft auf Dauer mehr Gefahren, als sie von Ihnen fernhält.

Isolation schirmt Sie von wichtigen Informationen ab. Halten Sie deshalb Kontakt zu Ihrer Umgebung. Es ist immer von Vorteil, über Bundesgenossen zu verfügen. Wenn Sie sich gefährdet fühlen, dann müssen Sie gegen Ihre Neigung angehen sich zurückzuziehen. Halten sie vielmehr Kontakt und gewinnen Sie neue Bundesgenossen.

Schon Machiavelli wies darauf hin, dass eine Festung vom militärischem Standpunkt aus immer ein Fehler ist. Eine Festung erlaubt keine Flexibilität und stellt schon ein Gefängnis dar.

Pflegen Sie also mit anderen Kontakt und umso umgänglicher wirken Sie. Nun wurde im vorangegangenen Abschnitt erwähnt, dass kurzfristige Isolation eine notwendige Distanz zu Menschen und Situationen bewirkt, um neue Perspektiven zu gewinnen. Das ist durchaus hilfreich. Hüten Sie sich jedoch davor, einseitig in Isolation zu verfallen. Halten Sie weiter Kontakt mit Ihren Mitmenschen.

Sagen Sie nicht mehr als nötig und halten Sie Ihre Absichten geheim

Versuchen Sie nicht, viel zu reden. Je mehr sie reden, desto schwächer wirkt Ihre Persönlichkeit.

Praxis-Tipp:

Je weniger Sie reden, desto mehr beeindrucken Sie.

Je mehr Sie reden, desto eher werden Sie eine Dummheit von sich geben. Schweigen Sie oder geben Sie kurze Antworten, dann werden die meisten Menschen immer mehr reden und Sie erhalten immer mehr Informationen.

Einst verurteilte Zar Nikolaus I. einen Aufrührer zum Tode durch den Strang. Bei der Hinrichtung riss jedoch die Schlinge. Da man zu jener Zeit einen solchen Vorfall für ein Zeichen der Vorsehung hielt, wurde der Delinquent fast immer begnadigt. Als der Zar von diesem Vorfall durch einen Boten erfuhr, fragte er: „Hat der

Delinquent nach diesem Wunder noch etwas gesagt?" „Majestät", entgegnete der Bote, „er sagte, in Russland wisse man nicht mehr, wie man Stricke dreht". „In diesem Fall", so sagte der Zar, „werden wir ihm das Gegenteil beweisen" und er zerriss die Begnadigung.

Denken Sie daran: Ist erst einmal ein Wort Ihrem Mund entschlüpft, können Sie es nicht mehr zurücknehmen. Beachten Sie auch Folgendes: Wissen die Leute nicht, was Sie vorhaben, dann können sie Ihnen auch keine Schwierigkeiten bereiten. Eine Erweiterung dieser Strategie besteht darin, das Gegenüber über die wahren Absichten zu täuschen und auf eine falsche Fährte zu locken. Kommt der Getäuschte irgendwann hinter die wahren Absichten, hat der Täuscher bereits das Ziel erreicht.

Die meisten Menschen sind wie ein aufgeschlagenes Buch und tun ihre Pläne und Absichten kund. Doch wer sich so offen gibt, macht sich berechenbar. Verbergen Sie Ihre Absichten, sind Sie immer im Vorteil. Erzählen Sie von Zielen und Absichten, die nicht Ihre wahren sind, schicken Sie Ihre Rivalen auf eine falsche Fährte.

Die Strategie der falschen Fährte hatte Bismarck zum Beispiel 1850 eingesetzt. Obwohl er den Krieg mit Österreich wollte und ihn später auch anzettelte, redete er 1850 noch davon, wie wichtig der Frieden sei. Als Anerkennung dafür beförderte ihn der König. Erst als Bismarck Ministerpräsident und das preußische Heer stark genug war, griff er Österreich an.

Die Kunst des Timings

Wenn Sie immer hektisch und in Eile sind, beweisen Sie, dass Sie weder sich noch die Zeit unter Kontrolle haben. Zeigen Sie Geduld, dann demonstrieren Sie, an den guten Ausgang der Sache zu glauben.

Strategien für langfristige Durchsetzungserfolge

Sie können Ihre Wahrnehmung der Zeit verändern. Werden Sie von Emotionen stark durchgerüttelt, vergeht für Sie die Zeit schneller. Sie verstreicht für Sie langsamer, wenn Sie Ihre emotionalen Reaktionen auf Ereignisse unter Kontrolle haben. Dann wird Geduld erst möglich. Wenn Sie Ihre Vorhaben aus Angst und Ungeduld immer mehr beschleunigen, schaffen Sie sich oft immer mehr Probleme, da Sie Fehler begehen.

In kritischen Situationen ist es oft viel besser, überhaupt nicht zu agieren. Es ist dann vorteilhafter, Ihr Tempo zu verlangsamen, und im Verlauf der Zeit ergeben sich dann noch günstigere Gelegenheiten und Chancen. Das schaffen Sie aber nur dann, wenn Sie Ihre Gefühle zu steuern vermögen. Lassen Sie sich nicht zu übereiltem Handeln drängen, weil Sie Aktionismus mit Durchsetzung verwechseln.

Verlangsamen Sie die psychologische Zeit, dann haben Sie folgende Vorteile:

- Sie haben mehr Weitblick, weil Ihr Verstand nicht mit ständigen Aktionen vollgestopft ist.

- Sie haben mehr Spielraum und damit mehr Flexibilität.

- Sie gewinnen mehr Distanz und eine bessere Sicht der Umstände.

- Sie ziehen keine voreiligen Schlüsse und erkennen besser, was passiert.

Sie schaffen sich gute Voraussetzungen für die Durchsetzung, wenn Sie das Timing der anderen durcheinander bringen.

Achtung: Bringen Sie das Timing der anderen durcheinander und bewahren Sie selbst die Geduld. Sie beschleunigen die Zeit für andere, wenn Sie diese warten lassen. So schmoren die anderen in ihrer eigenen Ungeduld, während Sie die Fassung bewahren. Auch das Entgegengesetzte wird ebenso vorteilhaft angewandt: Treiben Sie Ihr Gegenüber zur Eile an. Beginnen Sie eine Auseinandersetzung zunächst langsam und machen Sie dann immer mehr Druck, indem Sie kurze Fristen setzen. Sie wenden diese Technik zum Beispiel an, wenn Sie bei Verhandlungen auf eine schnelle Entscheidung drängen.

Sie werden sich also leichter durchsetzen, wenn Sie das Timing Ihres Gegenübers durcheinander bringen.

Ich bin selbst einmal das Opfer einer solchen Taktik bei einem Notar geworden. Er ergänzte einen Notarvertrag bei der Verhandlung schriftlich, doch seine Ergänzungen entsprachen nicht dem Wortlaut seiner Worte. Da der Notar noch obendrein zur Eile drängte und ich mir seinen Zeitrhythmus aufdrängen ließ, verglich ich seine schriftlichen Aufzeichnungen nicht mit dem Wortlaut seiner vorangegangenen Formulierungen und setzte meine Unterschrift voreilig unter den Notarvertrag. Es liegt auf der Hand, dass danach nichts mehr zu retten war.

Geduld nutzt Ihnen nur dann, wenn Sie sich im geeigneten Moment auch durchsetzen. Warten Sie so lange ab, wie es die Situation erfordert. Gehen Sie dann schnell und konsequent vor.

Als ich noch in der Großindustrie tätig war, erzählte mir ein Direktor eines anderen Unternehmens sein Erfolgsgeheimnis. Er sagte: „Wissen Sie, viele Menschen verzetteln sich mit anderen Menschen in Auseinandersetzungen. Ich warte ab, bis der richtige Moment gekommen ist. Dann gehe ich schnell und hart vor und bringe das Ganze zum Ende." Dieser Direktor beherrschte die Kunst des Timings.

Wichtig: Begehen Sie nicht den Fehler und passen Sie sich den Zeitabläufen anderer restlos an. Beeinflussen Sie zeitliche Abläufe und werden Sie nicht zum Opfer der Taktik.

Vertrauen Sie nicht den Bildern, die andere Menschen von sich zeichnen

Menschen richtig einzuschätzen ist sehr wichtig im Umgang mit Mitmenschen. Und wenn Sie wissen, mit wem Sie es zu tun haben, werden Sie sich umso leichter durchsetzen. Es ist immer von großem Vorteil, Informationen über den anderen zu haben, dem gegenüber Sie sich durchsetzen wollen. Jeder Mensch ist individuell und hat ganz besondere Stärken und Schwächen. Menschen reagieren sehr unterschiedlich.

Praxis-Tipp:

Beschaffen Sie sich Informationen über die Zielperson, bevor Sie den ersten Schritt unternehmen. Nichts ist so wichtig wie die Sammlung von Informationen über Ihr Gegenüber, bevor Sie sich mit ihm auseinander setzen. Urteilen Sie auch niemals nach der äußeren Erscheinung. Oft ist der besonders gerissen, der sich nach außen freundlich gibt. Hüten Sie sich auch vor einem weiteren Fehler: Trauen Sie niemals dem Bild, das Menschen von sich selbst vermitteln. Es ist nicht zuverlässig. Sammeln Sie also Informationen, um Ihr Gegenüber besser zu durchschauen.

Seien Sie mutig und ergeben Sie sich gelegentlich zum Schein

Mit Mut setzen Sie sich durch. Angst dagegen schadet Ihnen. Tapferkeit und Kühnheit müssen Sie lernen, um sich leichter durchzusetzen. Tapferkeit und Ängstlichkeit sind zwei Verhaltensweisen, um mit Konflikten umzugehen. Ihre Furcht vor den Folgen eines mutigen Schritts ist meistens nicht berechtigt. In der

Realität sind die Konsequenzen der Ängstlichkeit im negativen Sinn viel größer als die Konsequenzen des Muts.

Preisverhandlungen sind ein gutes Beispiel dafür. Kühne Forderungen zahlen sich dabei mehr aus, als wenn Sie weniger kühn sind und dann der Gegenseite kleine Konzessionen machen. Wenn Sie ängstlich sind und an sich zweifeln, dann schaffen Sie so die Grundlage zu Ihren Niederlagen.

Nun haben im Leben alle Dinge zwei Seiten. Kühnheit darf nie die Strategie bei all Ihren Aktionen sein. Sie würden sich sonst zu viele Menschen zu Feinden machen und sich in eine Verliererposition bringen. Niemand kann in jeder Situation gewinnen.

Achtung: Genauso wie es notwendig ist, mutig zu sein, haben Sie Ihren Mut auch gelegentlich zu zügeln.

Führen Sie deshalb nie einen Kampf, wenn feststeht, dass Sie der Schwächere sind. Dann entartet Kühnheit zur Tollkühnheit. Gehen Sie geschickt vor.

> **Praxis-Tipp:**
>
> Ergeben Sie sich manchmal zum Schein und warten Sie ab, bis Sie stärker sind. So verwandeln Sie eine Kapitulation in ein Instrument der Selbstbehauptung.

Hierzu eine Begebenheit aus dem Leben von Voltaire:

Für einige Zeit lebte Voltaire im Exil in London. Es war jene Zeit, als der Hass auf die Franzosen am größten war. Als er eines Tages durch die Straßen ging, umringte ihn eine wütende Menge, die schrie: „Hängt ihn! Hängt den Franzosen!" Ruhig sprach Voltaire zu den Menschen: „Männer, ihr wollt mich töten, weil ich ein Franzose bin. Bin ich nicht schon genug gestraft, dass ich nicht als Engländer geboren wurde?" Da jubelte die Menge und begleitete ihn sicher nach Hause.

Die Kapitulationsstrategie besteht darin, sich nach außen, aber nicht im Innern zu beugen. Meist geben die Feinde auf und Sie gewinnen Zeit. Sind sie einmal geschwächt, ist die Kapitulationsstrategie eine gute Strategie, um sich bald wieder in eine bessere Position zu bringen.

Planen Sie voraus und bleiben Sie flexibel

Hier eine Fabel aus dem 6. Jahrhundert v. Chr. von Äsop. Als der Teich austrocknete, machten sich zwei Frösche auf den Weg und suchten sich eine neue Bleibe. Als sie an einen Brunnen gelangten, hatten beide unterschiedliche Meinungen, was zu tun sei. Der eine meinte: „Wir springen sofort runter." Der andere dagegen überlegte: „Wenn nun auch dort das Wasser austrocknet, wie kommen wir wieder rauf?"

Die meisten Menschen lassen sich mehr von den Gefühlen leiten und nicht von ihrem Verstand. Ihre Pläne sind nicht genau durchdacht. Mit häufigen Improvisationen ersetzen sie den erforderlichen langfristigen Plan.

Wichtig: Vermögen Sie weiter vorauszudenken, sind Sie auf Dauer überlegen.

Viele Menschen meinen genau so zu planen, doch ihre Pläne sind oft sehr vage und sie haben mehr Wunschvorstellungen als realistische Pläne. Außerdem ist es häufig so, dass gegenwärtige Gefahren überschätzt und zukünftige Gefahren unterschätzt werden. Wenn Sie stets mehrere Schritte voraus und bis ans Ende planen, werden Ihnen Ihre Emotionen keinen Strich durch die Rechnung machen.

Nun ist die Zukunft immer ungewiss und Sie müssen für eine Anpassung offen sein. Doch eben dafür sind ein klares Ziel und ein langfristiger Plan erforderlich.

Praxis-Tipp:

Alles ändert sich. Zeigen Sie deshalb Flexibilität und passen Sie sich an gegebene Situationen an. Sie vermögen sich auf Dauer und langfristig nur dann zu behaupten, wenn Sie flexibel bleiben.

Um flexibel zu sein, dürfen Sie auch nicht kalkulierbar sein. Denn Sie haben dann die höchste Flexibilität, wenn man Ihre Verhaltensweisen nicht vorausberechnen kann. Um nicht durchschaubar zu sein, dürfen Sie nichts persönlich nehmen. Wer Ihre Emotionen und Empfindlichkeiten kennt, weiß immer, wo er Sie packen kann.

Im 4. Jahrhundert v. Chr. sagte Suntzu: „Wasser kennt keine beständige Form: Wer fähig ist zu siegen, indem er sich dem Gegner entsprechend wandelt und anpasst, verdient es, ein Genie genannt zu werden."

Nur wenn Sie nicht von starren und rigiden Verhaltensweisen diktiert werden und innerlich offen sind, haben Sie innere Freiheit. Wenn Sie an momentanen Anschauungen kleben bleiben, sind Sie innerlich verhaftet. Vermeiden sie den Fehler zu glauben, Ihr jetziges Wissen sei absolute Wahrheit. Sind Sie bereit, sich zu verändern, dann nehmen Sie am Fluss des Lebens teil. Dann werden Ihnen auch immer mehr Erlebnis- und Erfahrungshorizonte zuteil.

Und so erreichen Sie auch zwei Ziele:

Sie vermögen sich zu behaupten und gelangen zu immer mehr Erfahrungen und Erkenntnissen.

Ratschläge vom „Krieger des Lichts".

Vom Brasilianer Paolo Coelho stammt das Buch „Handbuch des Kriegers des Lichts". Hier einige kurze Zitate:

Strategien für langfristige Durchsetzungserfolge

„Er akzeptiert, dass die Gegner dazu da sind, seinen Mut, seine Beharrlichkeit, seine Entscheidungsfähigkeit zu prüfen. Sie sind ihm ein Segen, denn sie zwingen ihn, für seine Träume zu kämpfen."

„Ein Krieger des Lichts braucht zugleich Geduld und Schnelligkeit. Die zwei größten strategischen Fehler sind: Vor der Zeit zu handeln oder eine Gelegenheit vorüber gehen zu lassen. Um dies zu verhindern, behandelt der Krieger jede Situation als etwas Einmaliges ..."

„Ein Krieger des Lichts braucht Zeit für sich selber ... Es gibt Augenblicke, in denen sich der Krieger einfach niedersetzt und sich entspannt. Er betrachtet die Welt wie ein Zuschauer ... Er gibt sich nur widerstandslos den Bewegungen des Lebens hin."

Checkliste: Sich elegant und doch bestimmt durchsetzen

- Haben Sie eine Vision von sich und Ihrem Lebensweg und schaffen Sie Ihre eigene Persönlichkeit neu.

- Geben Sie Ihrer Intuition eine Chance und hören Sie auf sie.

- Bleiben Sie immer offen. Situationen verändern sich schnell und es ergeben sich neue Chancen.

- Zügeln Sie Ihre Zunge und reden Sie nicht unnötig über Ihre Pläne.

- Die Kunst des Timings hilft Ihnen, sich geschickt durchzusetzen. Beschleunigen oder verlangsamen Sie die Prozesse je nach Erfordernis.

- Beschaffen Sie sich Informationen über Mitmenschen und vertrauen Sie nicht deren Selbstdarstellung.

- Seien Sie je nach den Erfordernissen mutig oder ergeben Sie sich zum Schein und warten auf eine günstigere Möglichkeit.

noch: Checkliste: Sich elegant und doch bestimmt durchsetzen

- Üben Sie sich im langfristigen Vorausdenken und lassen Sie sich mehr vom Verstand als von den Gefühlen leiten.

- Bleiben Sie flexibel und erstarren Sie nicht im Geist.

- Akzeptieren Sie, dass Ihr Mut und Ihre Beharrlichkeit immer wieder auf die Probe gestellt werden.

- Entwickeln Sie sowohl Schnelligkeit als auch Geduld.

- Nehmen Sie sich Zeit für sich selber, um Kraftquellen zu aktivieren.

Zum Schluss des Buches noch ein Hinweis, den es zu beachten gilt. Vergessen Sie nie: Selbstbehauptung lohnt sich und für jede Niederlage gibt es zwei Siege.

Auf diesem Weg wünsche ich Ihnen viel Erfolg!

Prof. Dr. Heinz Ryborz

Literaturhinweise

Coelho, Paolo: Handbuch des Kriegers des Lichts. Diogenes

Ehrhardt, Ute: Gute Mädchen kommen in den Himmel, böse überall hin. Fischer

Harss, Claudia/von Schumann, Karin: Tapferkeit vor dem Chef. Fit for business

Ryborz, Heinz: Die elegante Art zu überzeugen. Ariston

Ders.: Training zum Erfolg. Fit for business

Ders.: Schnellkurs Führung. Fit for business

Ders.: Geschickt kontern: Nie mehr sprachlos!. Fit for business

Ders.: Herausforderung Angst. mvg

Ders.: Meditation, Übungskassette. APU-Institut

Smith, Manuel J.: Sage Nein ohne Skrupel. mvg

Seminare von Prof. Dr. Heinz Ryborz

Wochenendseminare/Intensiv-Training

Sich geschickt zu behaupten ist nicht einfach. Die in diesem Buch dargelegten Techniken sind ohne Einüben noch nicht verinnerlicht; Training ist dazu erforderlich. Ein Wochenendseminar hilft Ihnen, sich die Techniken zur Selbstbehauptung anzutrainieren, in Zukunft Fehler zu vermeiden und Ihre Ziele zu erreichen.

Sie haben die Möglichkeit, an einem Wochenendseminar im heilklimatischen Kurort Reichshof-Eckenhagen oder in der Schweiz teilzunehmen. In Verbindung mit dem Intensiv-Training helfen Ihnen ein persönliches Gespräch und eine individuelle Beratung ganz besonders.

Daneben werden auch Firmentrainings durchgeführt.

Firmenseminare und Trainings

Prof. Dr. Heinz Ryborz führt seit vielen Jahren Beratungen, Personal Coaching und Seminare für Firmen durch. Seminarthemen sind zum Beispiel:

Mitarbeiterführung und Motivation

- Mitarbeiter führen und motivieren
- Führungsautorität und Durchsetzungskraft
- Persönlichkeitstraining für Führungskräfte

Verkauf/Kundenservice

- Verkaufstraining – Warum Spitzenverkäufer so erfolgreich sind
- Kundenservice am Telefon

Seminare von Prof. Dr. Heinz Ryborz

Kommunikation

- Erfolgreiche Gesprächsführung
- Kommunikation mit Mitarbeitern

Trainings zu Themen nach Absprache

Informationen erhalten Sie – kostenlos und unverbindlich – vom:

**APU-Institut für Angewandte Psychologie
und Unternehmensberatung GmbH**
Postfach 2104
D-51574 Reichshof
Tel.: 0 22 65/92 32, Fax: 22 65/93 54
E-Mail: profdr.ryborz@t-online.de

Schnell nachschlagen

Schnell nachschlagen

Schnell nachschlagen

Schnell nachschlagen

Schnell nachschlagen